Name_____

Shapes

r	e	c	t	a	n	g	l	e
x	f	h	h	r	m	w	z	c
z	g	f	g	t	w	r	w	i
t	r	i	a	n	g	l	e	r
p	q	e	q	p	t	x	m	c
n	s	q	u	a	r	e	n	l
m	l	r	l	r	z	m	n	e

 triangle

 circle

 square

 rectangle

Name_____ Picture words

People

```
v s d b a b y v g t
m c y o l b x o i w
s n p y e o s g r a
t i r b o t k i l b
x m f a t h e r u s
w u e p z f q j l i
m o t h e r n s x o
```

 father

 baby

 mother

 girl

 boy

Name_____   Pictur

Body Parts

m	i	o	k	h	x	y	v
f	l	n	z	a	g	l	h
u	r	x	e	n	x	f	t
p	h	e	a	d	f	i	y
n	t	n	b	t	e	y	e
o	e	e	a	r	q	w	o
s	g	f	c	h	u	e	z
e	o	r	f	o	o	t	r

 hand

 nose

 eye

 ear

 head

 foot

Name_____   Picture words

School

```
n e x o b h f l i c
l s c h o o l u c r
b h l c v n a c v a
o c o q p x g e k y
o i c z s a j f e o
k z k w p a p e r n
```

 flag

 paper

 clock

 book

 crayon

 school

Name_____   Picture words

Things to Wear

```
w d l a p z h s
i r a l a o n h
x e r q n l e c
p s d e t i k i
w s z y s h o e
j h a t b x q v
n j c o a t r f
w a t c h o b j
```

 coat

 dress

 hat

 watch

 shoe

 pants

Name_____   Picture words

Animals

i	x	w	j	h	e	n	u	l
g	o	a	t	z	x	v	h	l
x	k	k	e	h	o	r	s	e
e	b	v	m	o	u	s	e	z
c	i	z	f	i	s	h	e	b
c	o	w	o	m	u	u	g	w

 mouse

 hen

 fish

 horse

 cow

 goat

Name_____ Picture words

Let's Eat

b	a	n	a	n	a	r	h	e
u	v	b	r	e	a	d	w	g
x	a	i	t	l	s	o	c	g
a	j	w	c	h	e	e	s	e
z	w	c	a	k	e	p	x	q
m	i	l	k	z	r	k	i	x
b	v	y	r	g	a	k	e	p

 egg

 cheese

 bread

 cake

 banana

 milk

© Frank Schaffer Publications, Inc.   7   FS-32040 Word Searches and Crossword Puzzles

Name_____ Picture words

Moving Along

```
w a g o n g v a c
o p l a n e e c a
h q b u s a p d r
w b o a t k x g d
e t g f t e r e b
l h t r a i n e f
w m v i z h x s u
```

 boat  bus  plane

 train  car  wagon

Name_____ Picture words

Animal Friends

b	i	r	d	m	f	d	v	b
z	t	b	d	n	d	u	c	k
q	f	l	h	h	j	d	d	w
r	r	a	b	b	i	t	n	p
x	q	g	l	e	g	p	j	i
t	x	z	d	o	g	l	v	g
t	c	a	t	x	z	p	b	w

 rabbit    duck    bird

 dog    cat    pig

© Frank Schaffer Publications, Inc.   FS-32040 Word Searches and Crossword Puzzles

Name_____ Picture words

Outside

```
a c g r a s s e f
p m r a i n p w l
v i r x p n e p o
m w s n o w d k w
u r u e l t m x e
t r e e o q w v r
o t q u s u n l v
```

 sun

 snow

 rain

 tree

 grass

 flower

Name _____   Picture words

More Body Parts

```
f x s u i d f f h
i p t z w j x e u
n x l e g a o e z
g n w r k q p t s
e v k h a i r a l
r l t e e t h p b
s e m o u t h o m
```

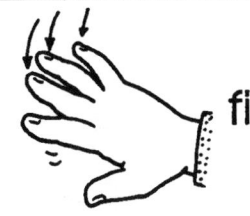 fingers    ← leg    feet

 mouth    hair    teeth

Name _____   Picture words

Environment

```
e h i e d k z n g
t i q j s l x e a
a l r a r o a d r
c l o u d j h v d
d u k w o z d b e
j r a i n b o w n
w a t e r t k r x
```

 cloud    rainbow    water

 road    garden    hill

Places

```
b u c x g s w u t
a l i b r a r y q
f w r v z i d u c
a j c o l e p l i
r n u g k v a i t
m f s t o m r g y
q s t o r e k w o
```

 library

 farm

 store

 circus

 city

 park

Name _____   Picture words

Food

```
o r a n g e a v p
v d h w d e z o e
i p o t a t o z a
t e j o z k g g r
q a p l e m o n b
h s x r w e s a v
g r a p e s b i q
```

 peas    orange    lemon

 pear    potato    grapes

Name _____   Picture words

Money

```
p e n n y b j b r
m s t d k d i m e
o d n e f o a g e
n i c k e l k s c
e r v c s l x b t
y g u h u a v i p
t n q u a r t e r
```

 dime

 dollar

 quarter

 penny

 money

 nickel

Name _____ Picture words

Numbers 11 to 15

```
t e f g t q
f m o e h v
i h u p i w
f l r e r c
t e t r t u
e l e v e n
e a e l e x
n k n q n p
w v m h d u
t w e l v e
```

 fifteen

 thirteen

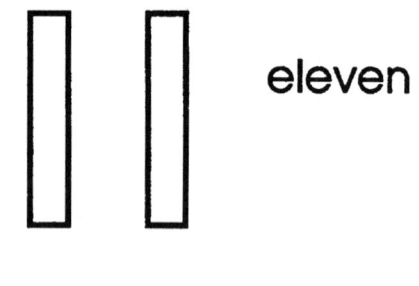 eleven

 twelve

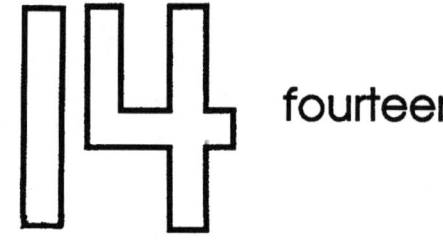 fourteen

Name _____ Picture words

Numbers 16 to 20

```
t w e n t y
i r b i s s
z e q n e i
q i w e v x
o g z t e t
j h k e n e
b t y e t e
o e j n e n
k e t v e l
d n i g n d
```

 eighteen

 sixteen

 nineteen

 seventeen

20 twenty

Name _____   Picture words

Toys

```
g a m e a r f r k
a f i j y o - y o
v u t l g b a q t
o v t w a o c z o
p u p p e t x a p
```

 yo-yo

 top

 puppet

 mitt

 robot

 game

Name _____ Picture words

Delicious Things to Eat

```
e c h i c k e n j
t x h r o g b l e
e g a z b e a n r
j a m o t k n k s
a j v b u t t e r
c u p c a k e l i
```

 bean

 chicken

 jam

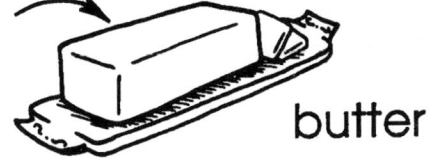 butter

 ham

 cupcake

Name _____   Picture words

Bugs

```
l v s e s l w a q
a z x r p i b e e
d g a v i c f s b
y i k n d j g x p
b u t t e r f l y
u d z e r l o k e
g f k s t b a n t
```

butterfly

ladybug

ant
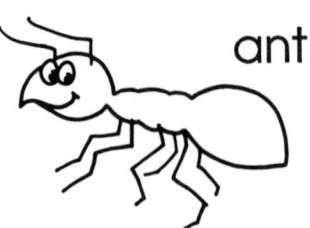

bee

spider

Name _____   Picture w...

Things to Wear

```
s  s  w  e  a  t  e  r  l
h  o  a  j  a  c  k  e  t
o  l  q  o  k  g  f  i  j
r  r  a  i  n  c  o  a  t
t  q  r  m  i  t  t  e  n
s  s  l  i  p  p  e  r  a
```

 shorts

 raincoat

 jacket

 sweater

 slipper

 mitten

Name _____   Picture words

Things to Eat

```
p v p a n c a k e
l u p o p c o r n
u d e r r y q e s
m t a l i q v o l
i r c b c n t e j
y k h p e m e a t
```

 peach

 plum

 rice

 pancake

 meat

 popcorn

Name _____   Picture word

Outdoors

```
l a d y b u g e d
a p r i v e r t x
k o t e d v p y n
e m o u n t a i n
w a t e r f a l l
b v o l c a n o y
```

 mountain

 ladybug

 lake

 volcano

 waterfall

 river

Name _____ Picture words

Things at School

```
c h i g b t
o m m a p y
m l p j t p
p q b c g e
u w i r p w
t a p e e r
e t c t n i
r q e v g t
n g l o b e
c u s l e r
```

 globe

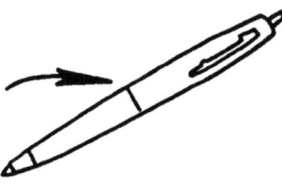 pen

 map

 tape

 typewriter

 computer

Name _____ Picture words

Workers

```
n u r s e w
p r p v e t
a e l y t s
i k u o m a
n l m d u i
t y b t w l
e h e i j o
r q r r c r
f a r m e r
```

 vet

 sailor

 farmer

 painter

 nurse

 plumber

Name _____   Picture words

Sports

```
b y b m o t
a c a f s e
s h s o t n
e o k o g n
b c e t s i
a k t b o s
l e b a c d
l y a l c a
v s l l e x
n w l e r i
```

basketball

baseball

soccer

tennis

hockey

football

Name _____   Picture Word

People and Places

a	g	i	l	b	o	k	c	t
k	m	a	g	i	c	i	a	n
k	j	q	u	x	x	n	s	k
g	c	l	o	w	n	g	t	w
q	u	m	q	k	z	y	l	n
t	q	u	e	e	n	z	e	x
y	m	u	s	e	u	m	q	u

king

queen

magician

castle

clown

museum

© Frank Schaffer Publications, Inc.   27   FS-32040 Word Searches and Crossword Puzzles

Name _____   Picture words

Around the House

```
b r u q y k e j s
r z p a i n t x o
u e k k a q n z a
s y r e g a t e p
h y s y b r u o m
d b e d r o o m d
```

gate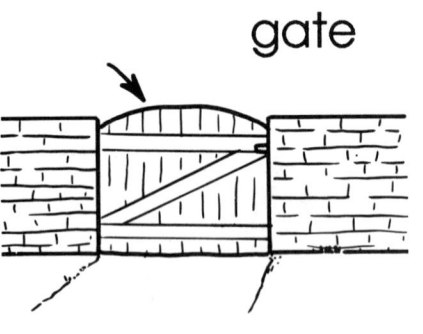

brush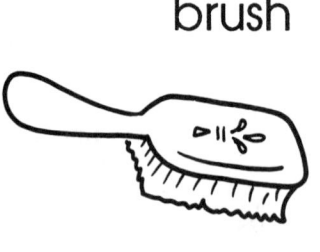

paint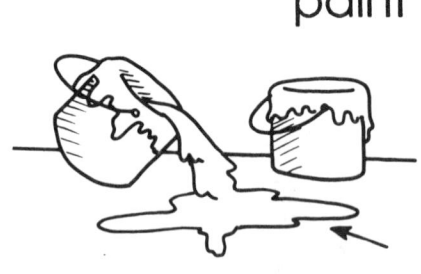

soap

bedroom

key

Name _____ Picture words

Animal Babies

```
k i t t e n u r f
l b z p y l t u a
f c a l f a k x w
n a f k o m o s n
l z m b j b c u b
p u p p y d y l f
```

calf kitten lamb

cub puppy fawn

Name _____ Picture words

Animal Houses

```
c a v e z l h r p
h q a y v e i j a
w a z o o z v r r
e z x j g q e k k
b v n e s t f t x
q d r k x e b s t
```

 web

 park

 hive

 cave

 zoo

 nest

Name _____   Picture words

Playtime

```
p p t r c y c t x
i c c s s l i d e
c n l w u i k j a
n t r i c y c l e
i w z n c a n o e
c s l g e q k e z
o m s a n d b o x
```

slide

picnic

canoe

tricycle

sandbox

swing

Name _____ Picture words

It's Spring

```
g a r d e n
c r q z t r
a l u w x d
t r m n q k
e a b x k e
r k r a k e
p u e c h q
i r l k o e
l n l q e x
l c a q l s
a r o b i n
r o o b w h
```

caterpillar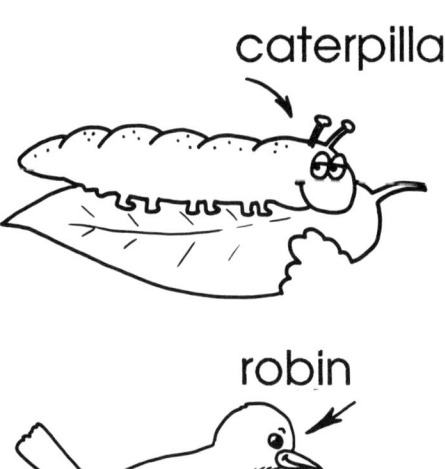

robin

hoe

umbrella

rake

garden

Name _____ Picture words

Autumn

s	u	l	g	f	s
c	m	p	f	g	c
h	x	p	l	u	a
o	a	u	a	r	r
o	p	m	s	v	e
l	h	p	h	n	c
b	a	k	l	u	r
o	y	i	i	o	o
o	q	n	g	j	w
k	t	z	h	x	m
s	x	u	t	m	n
a	u	t	u	m	n

schoolbooks

scarecrow

pumpkin

flashlight

hay

autumn

Name _____ Picture words

On the Go

```
t x x i i h
s t h c i e
u r x e y l
b i j s c i
m c w k y c
a y r a f o
r c x t k p
i l c e x t
n e c s f e
e n e v x r
x r a f t a
w t a x i f
```

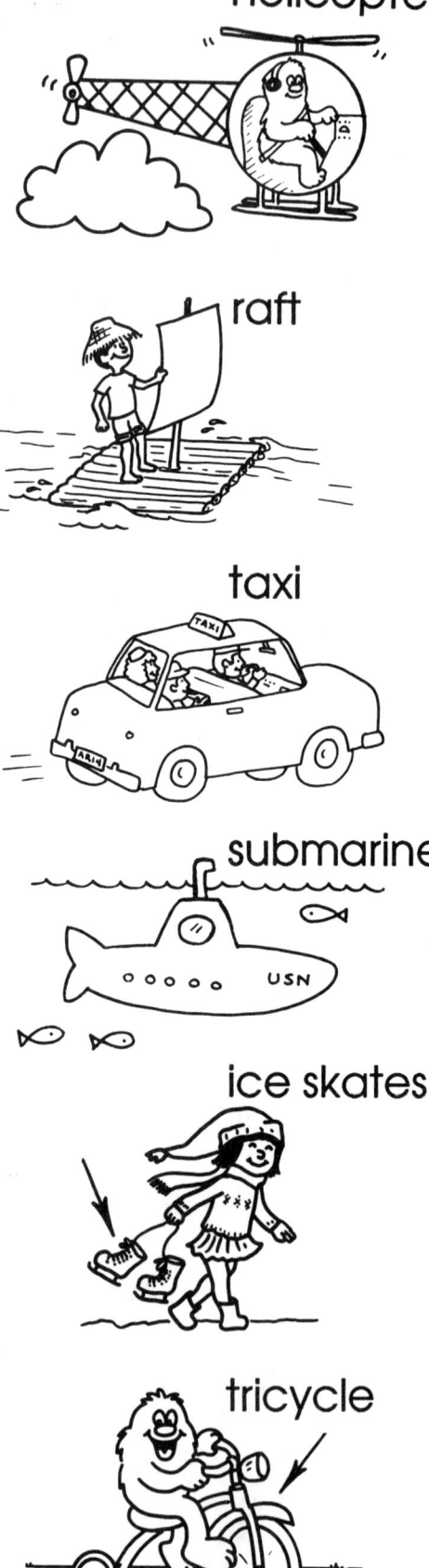

helicopter

raft

taxi

submarine

ice skates

tricycle

Name_____   Picture words

Clothes

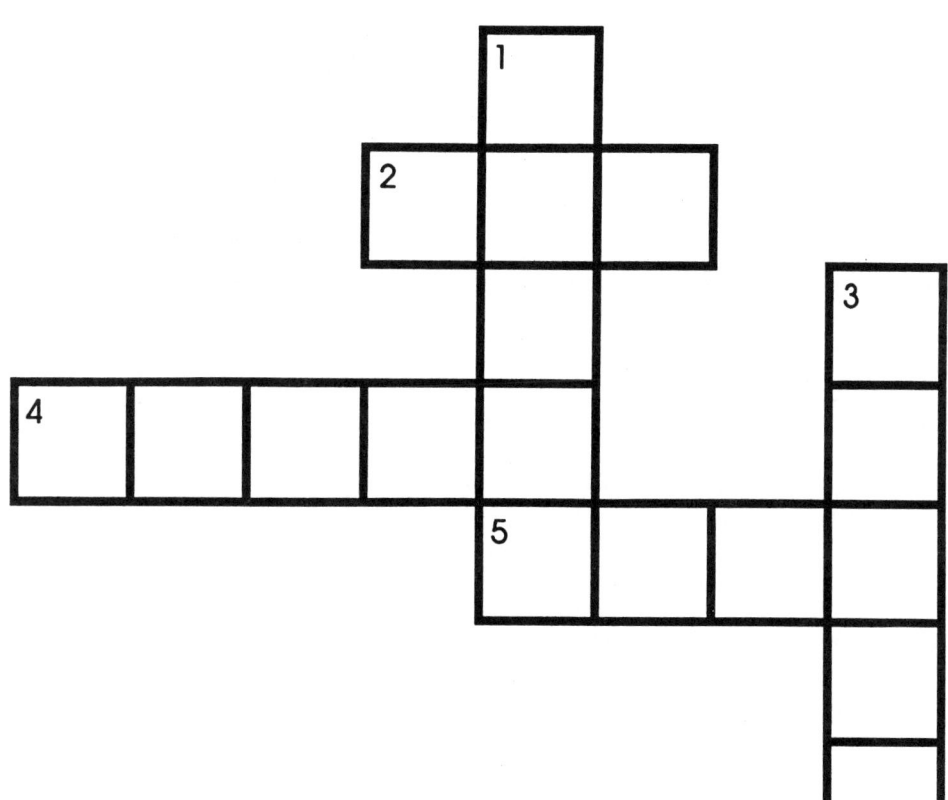

Word Box
hat
shoe
shirt
dress
pants

Across

Down

Name_____ Picture words

House

Word Box
door
window
house
stove
chair

Across

3.

5.

Down

1.

2. (house)

4. (door)

36

Name_____ Picture words

Number Words

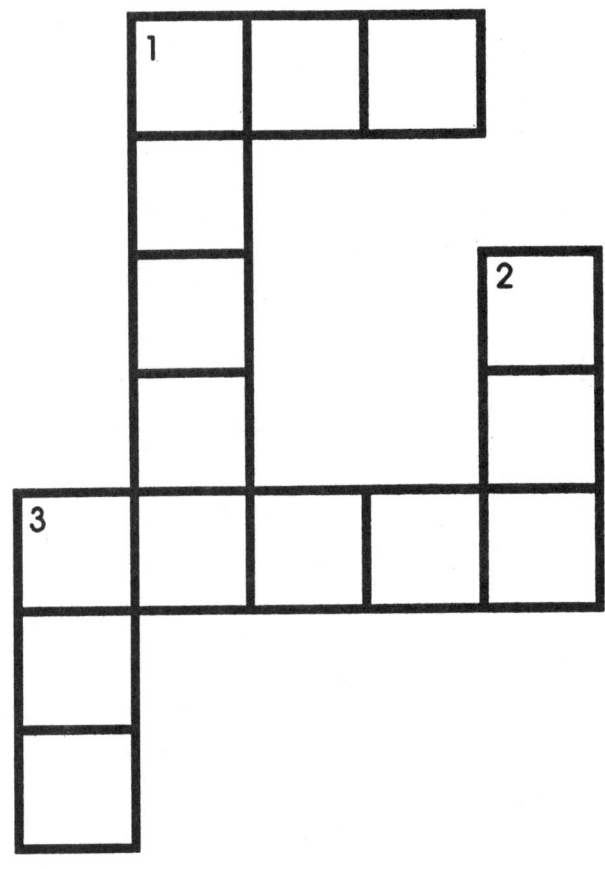

Word Box
seven
six
three
two
ten

Across

1.

3. 7

Down

1. 3

2.

3.

Name_____ Picture words

Numerals

Word Box
four
five
one
nine
eight

Down

1. 9

3. 8

4. 4

Across

2. 5

5. 1

Name_____ Picture words

School Supplies

Word Box
pencil
paste
ruler
crayon
scissors

Across

Down

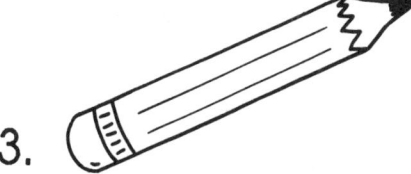

39

Name_____ Picture words

Food

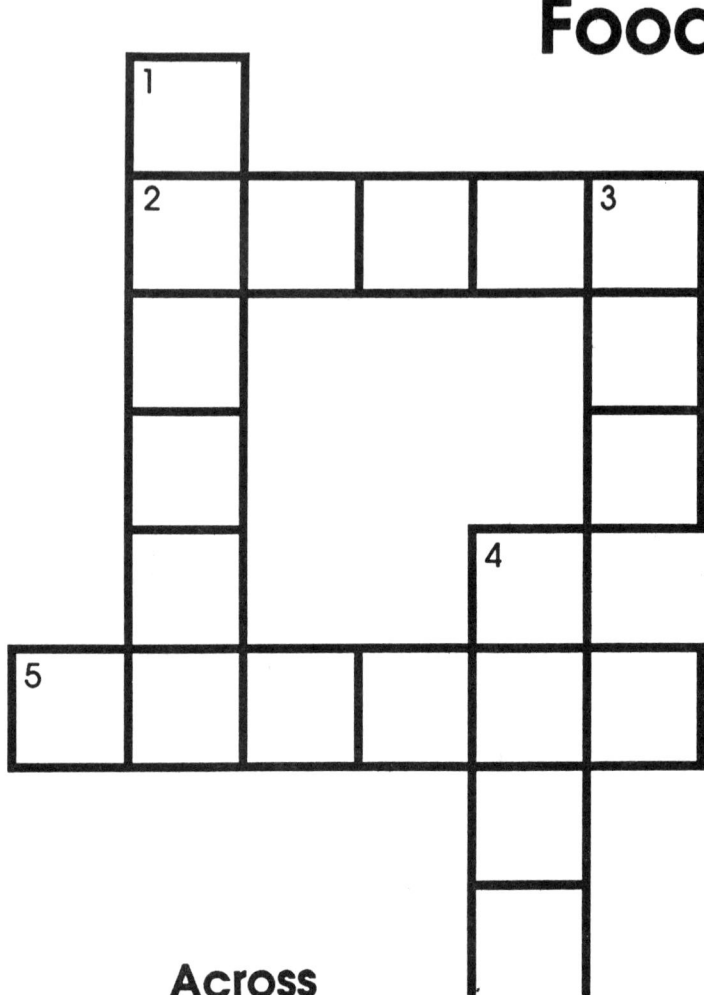

Word Box
corn
apple
banana
carrot
egg

Across

2.

5.

Down

1. (banana)

3. (eggs)

4. (corn)

© Frank Schaffer Publications, Inc. 40 FS-32040 Word Searches and Crossword Puzzles

Name_____ Picture words

At Home

Word Box
rug
telephone
table
bed
house

Across

3.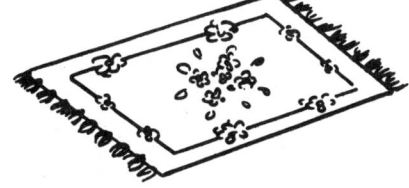

5.

Down

1.

2.

4.

© Frank Schaffer Publications, Inc.   FS-32040 Word Searches and Crossword Puzzles

Name_____ Picture words

Inside the House

Across

2.

4.

5.

Down

1.

3.

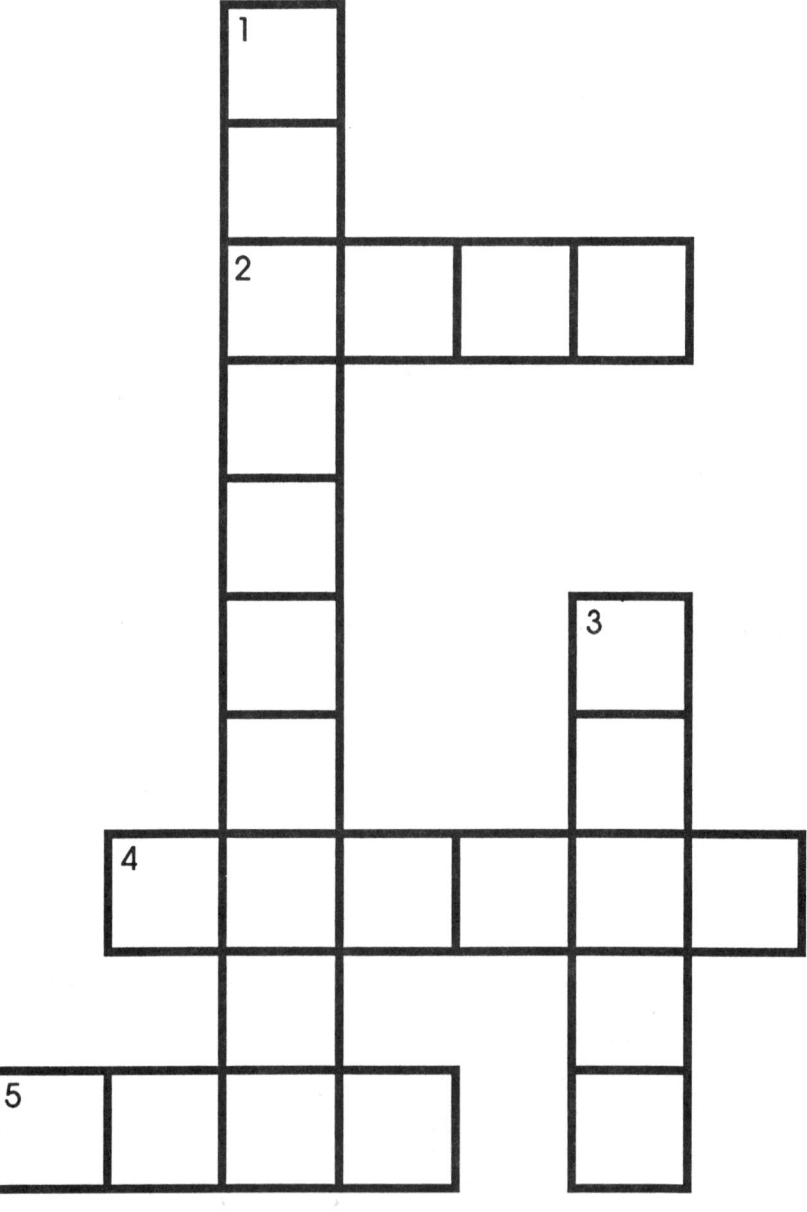

Word Box
sink
stove
window
television
lamp

Name_____   Picture words

Toys

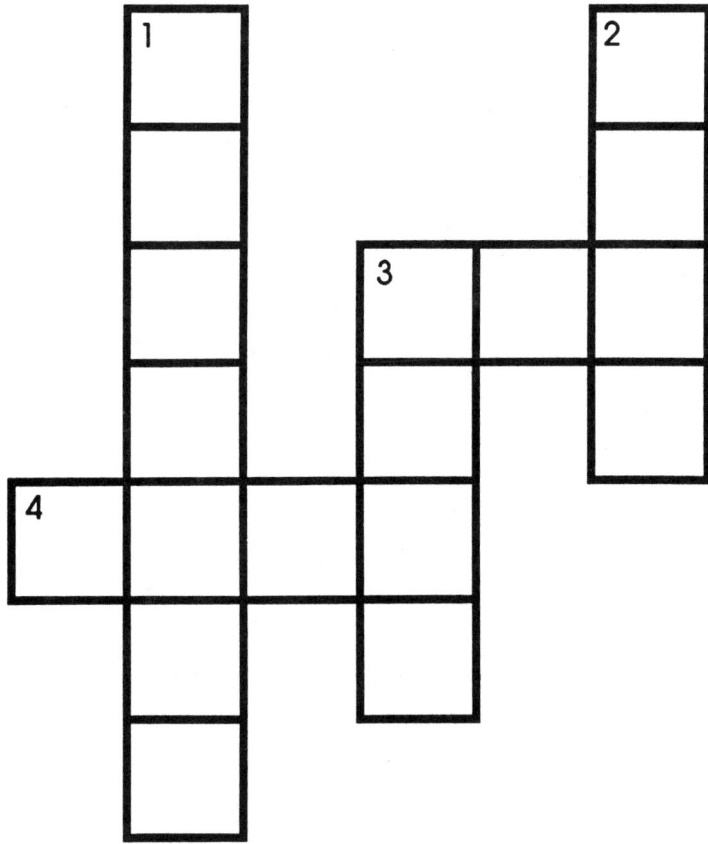

Word Box
bat
ball
balloon
kite
doll

Down

1.

2.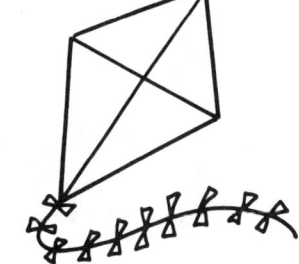

3.

Across

3.

4.

Name_____ Picture words

Jobs

Word Box
police
dentist
doctor
nurse
teacher

Down

1.

2.

4.

Across

3.

5.

Name _____ Picture words

People

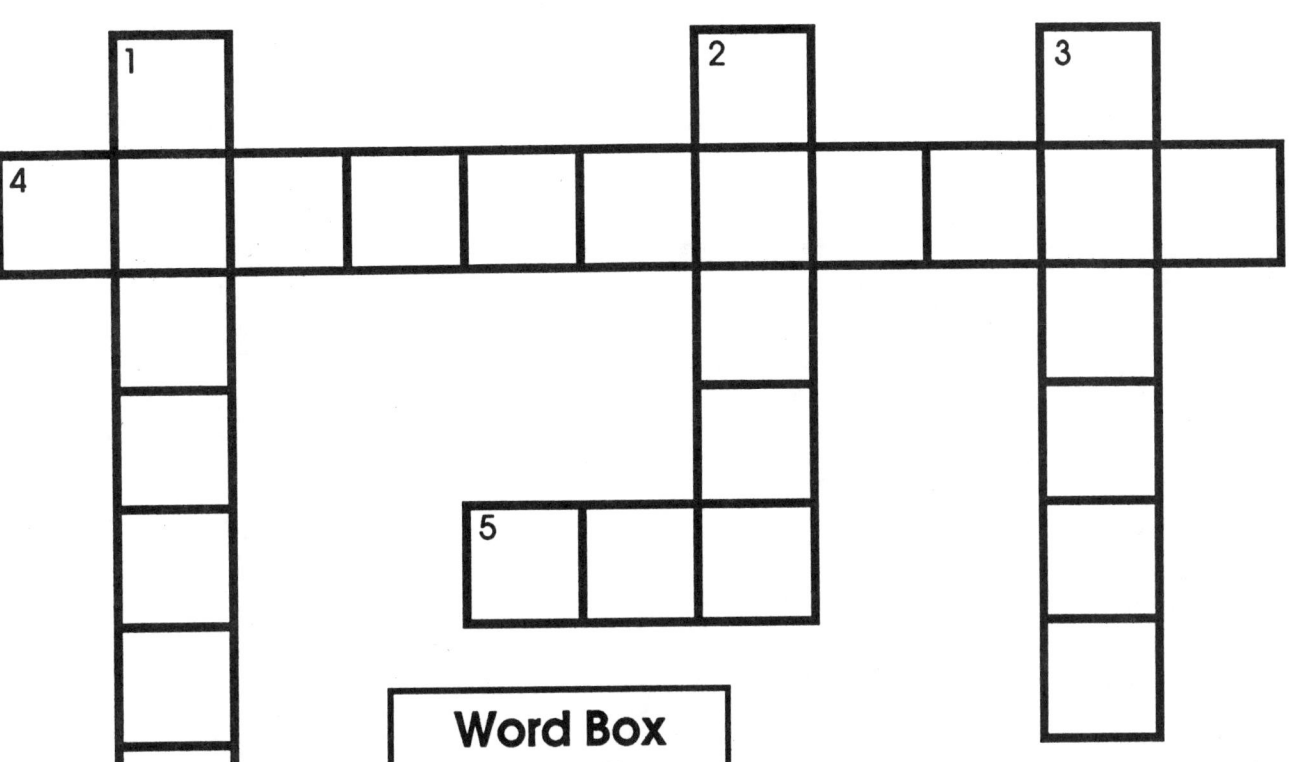

Word Box
grandfather
grandmother
man
people
woman

Across

4.

5.

Down

1.

2.

3.

Name _____ Picture words

Animals

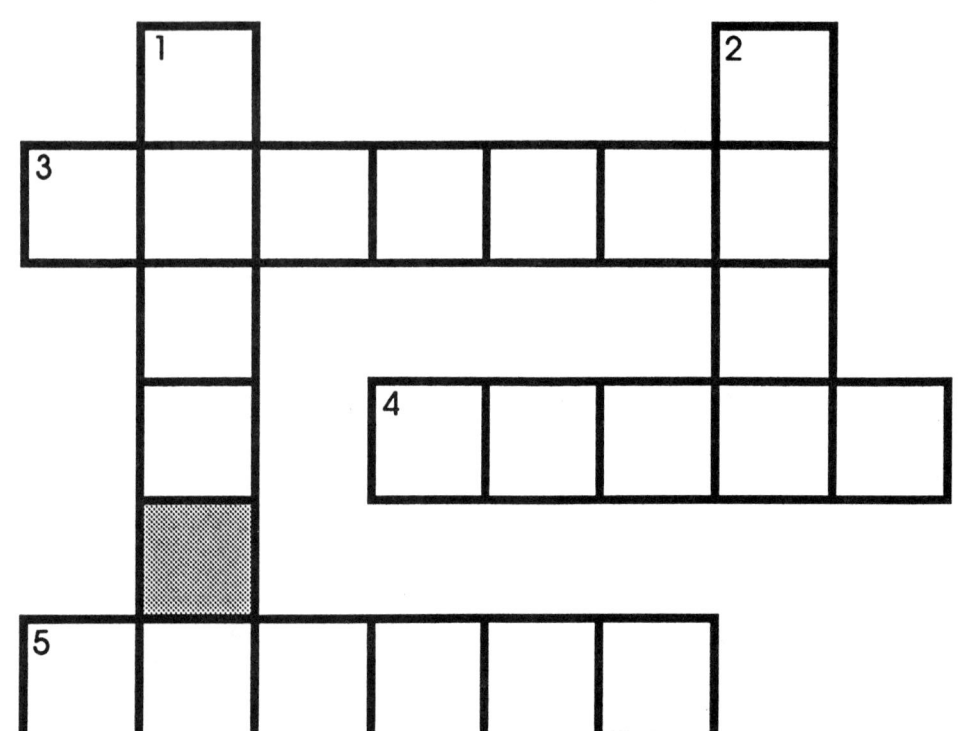

Word Box
lion
giraffe
deer
zebra
turtle

Across

3.

4.

5.

Down

1.

2.

Name _____   Picture words

School

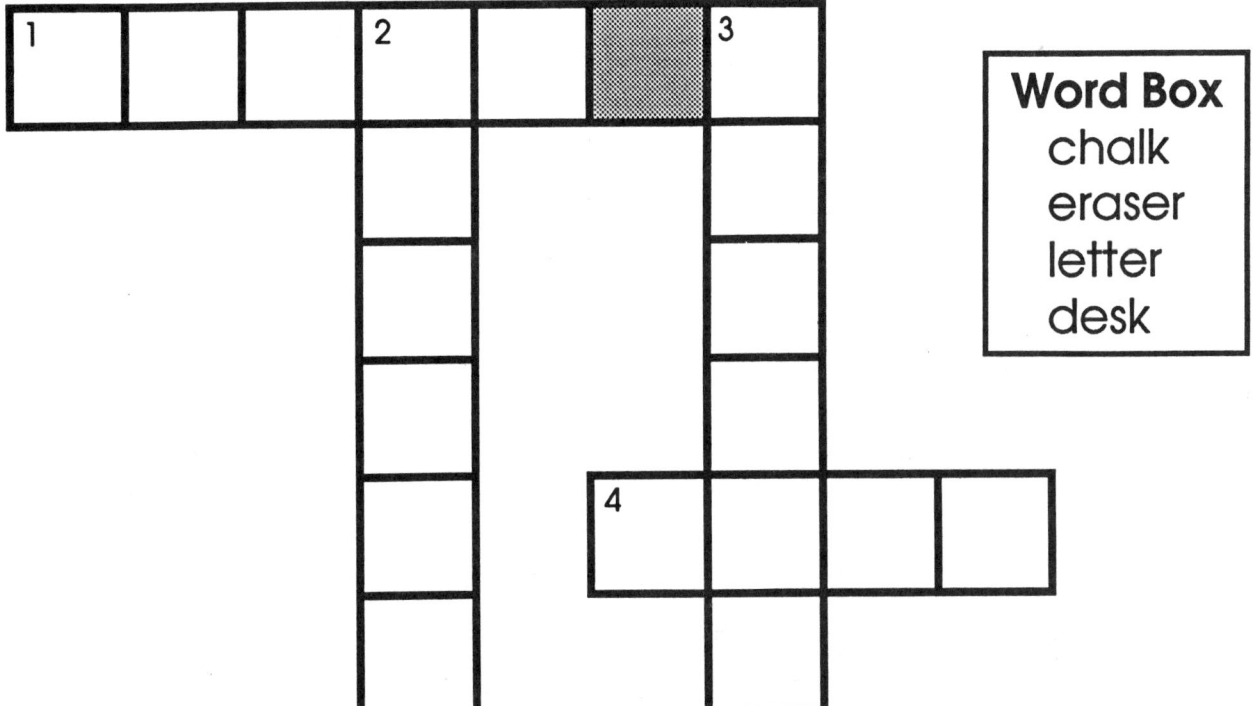

Word Box
chalk
eraser
letter
desk

Across

1.

4.

Down

2.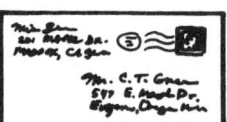

3.

Name _____ Picture words

Garden

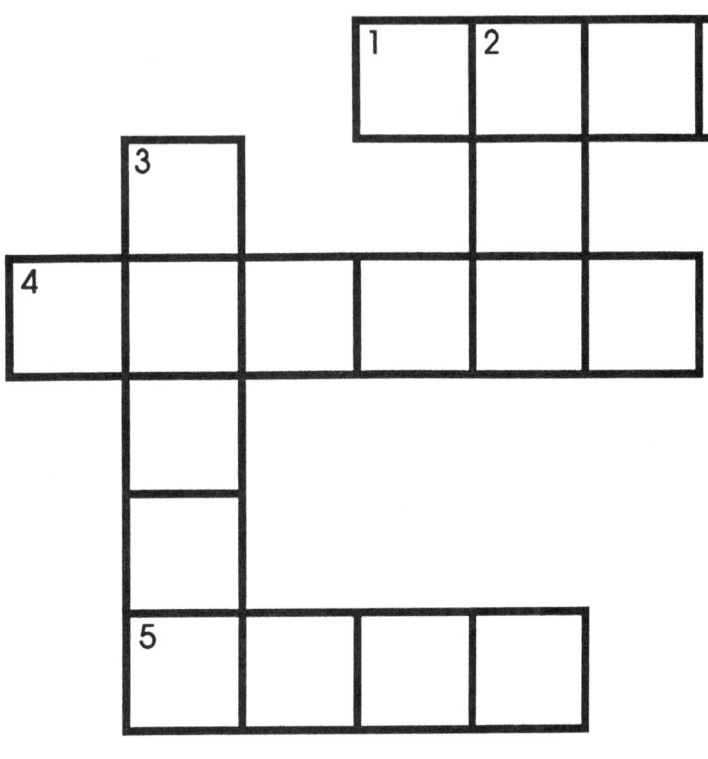

Word Box
shovel
hoe
rake
garden
water

Across

1.

4.

5.

Down

2.

3.

© Frank Schaffer Publications, Inc.   48   FS-32040 Word Searches and Crossword Puzzles

Name _____   Picture words

Things In a House

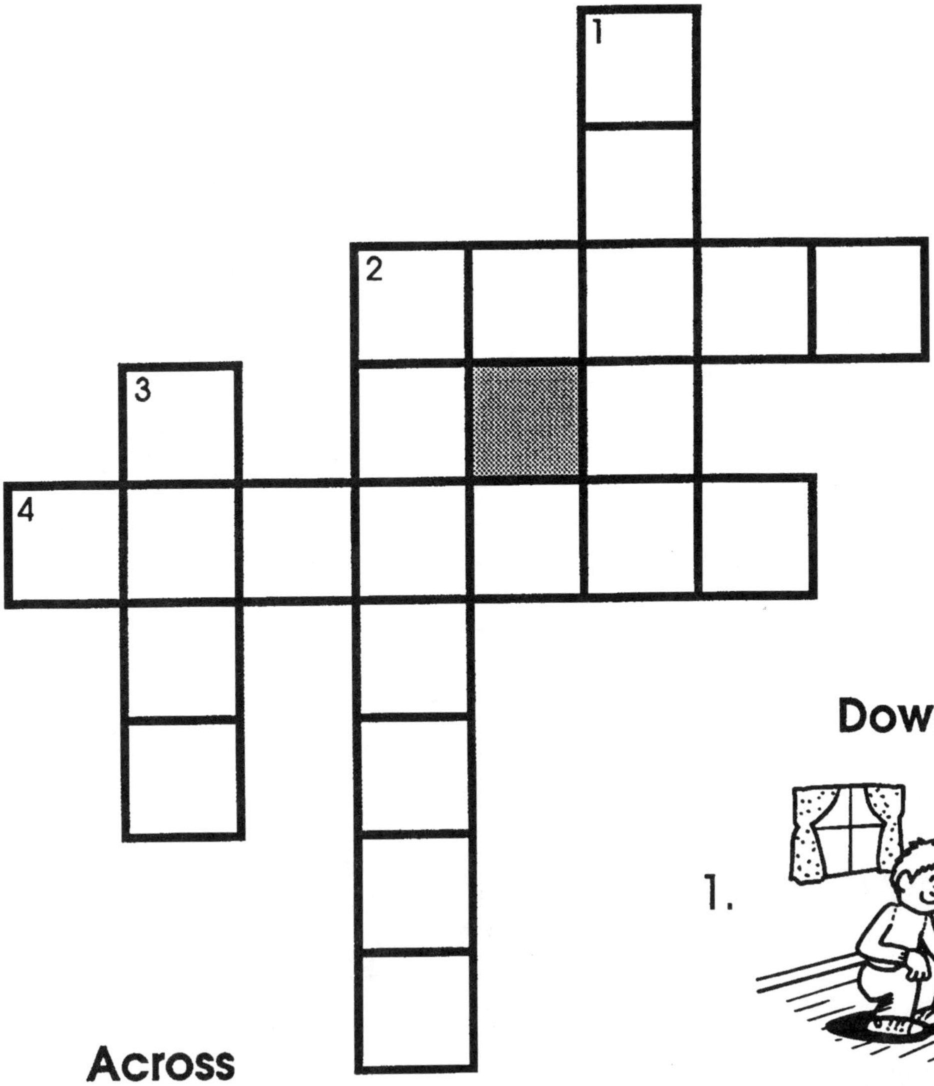

Word Box
broom
bathtub
floor
picture
dish

Across

2.

4. (picture of framed portrait)

Down

1.  (boy on floor)

2.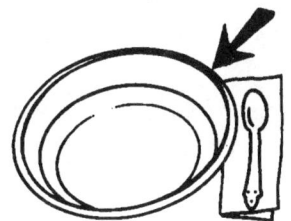

3. (dish with spoon)

Name _____ Picture words

Music

Word Box
trumpet
guitar
drum
piano

Across

3.

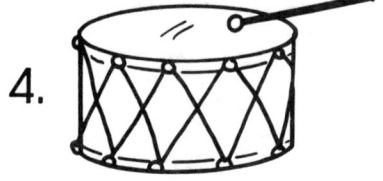
4.

Down

1.

2.

Name _____ Picture words

Healthy Foods

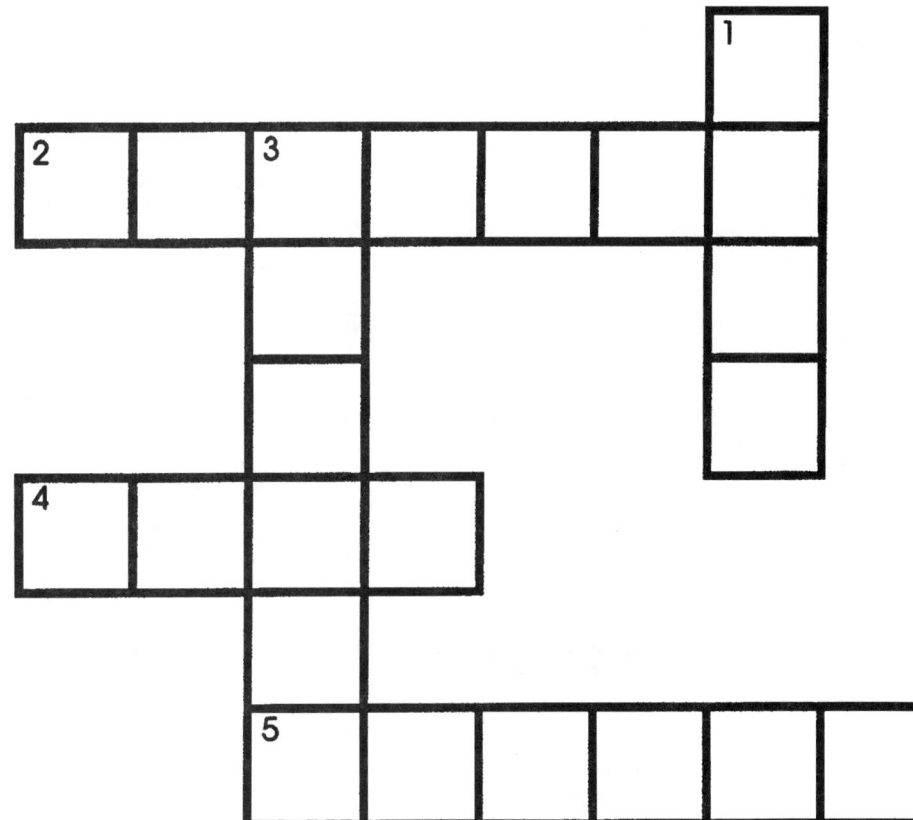

Word Box
tomato
lettuce
pear
peas
orange

Across

2.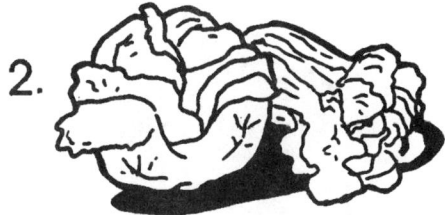

4.

5.

Down

1.

3.

Name _____ Picture words

Places

Word Box
library
store
city
circus
farm

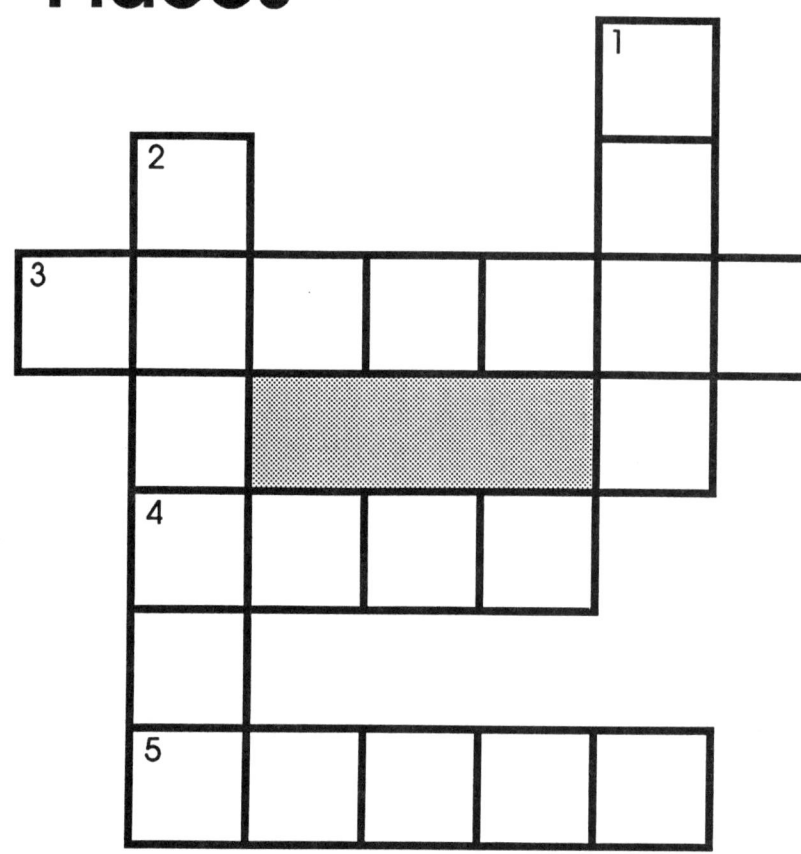

Across

3.

4.

5.

Down

1.

2.

© Frank Schaffer Publications, Inc.   FS-32040 Word Searches and Crossword Puzzles

Name _____ Picture words

Zoo Animals

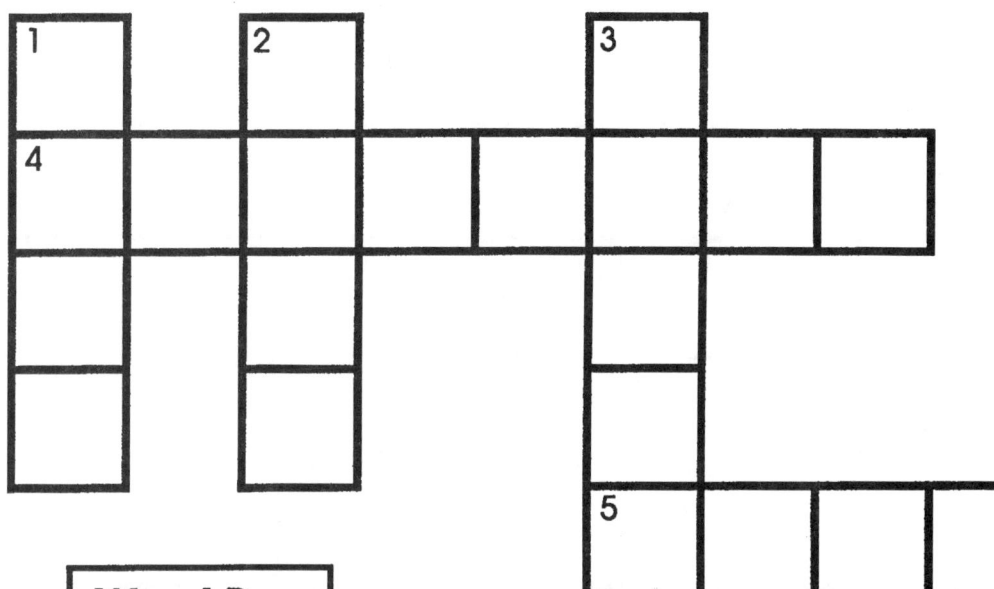

Word Box
deer
lion
camel
elephant
bear

Down

1.

Across

4.

2.

5.

3.

Name _____ Picture words

Household Items

Word Box
toaster
sofa
mirror
mat
fireplace

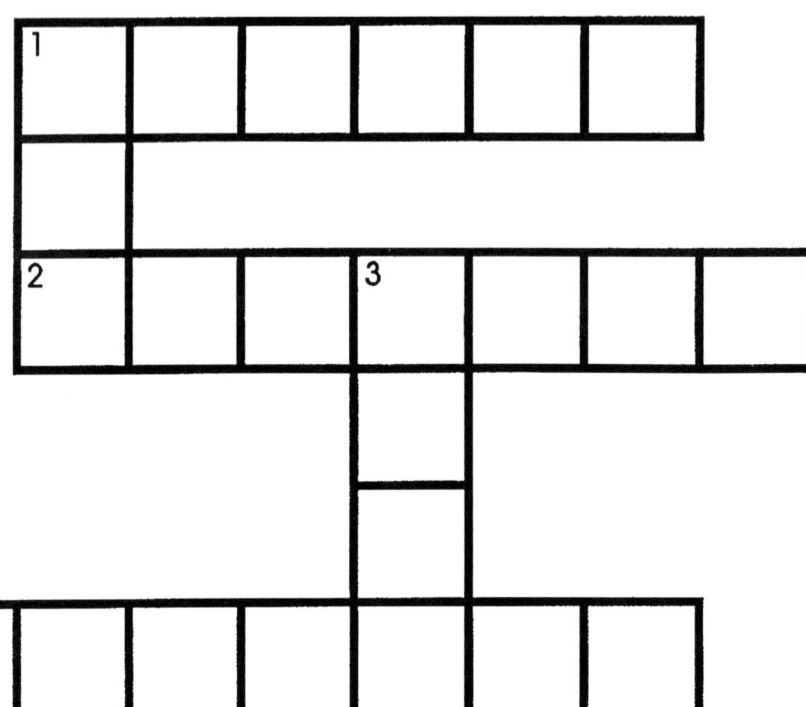

Across

1.

2.

4.

Down

1.

3.

Name _____   Picture words

Here We Go

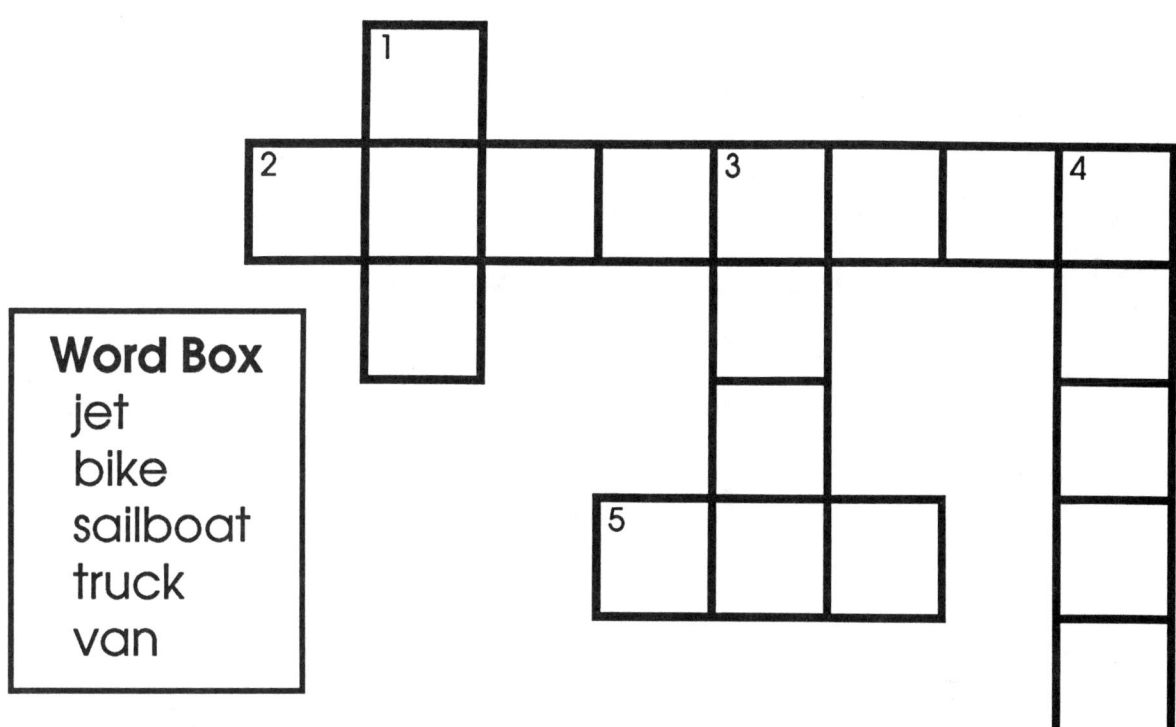

Word Box
jet
bike
sailboat
truck
van

Across

2.

5.

Down

1.

3.

4.

Name _____ Picture words

Things We Wear

Word Box
sock
vest
tie
cap
belt

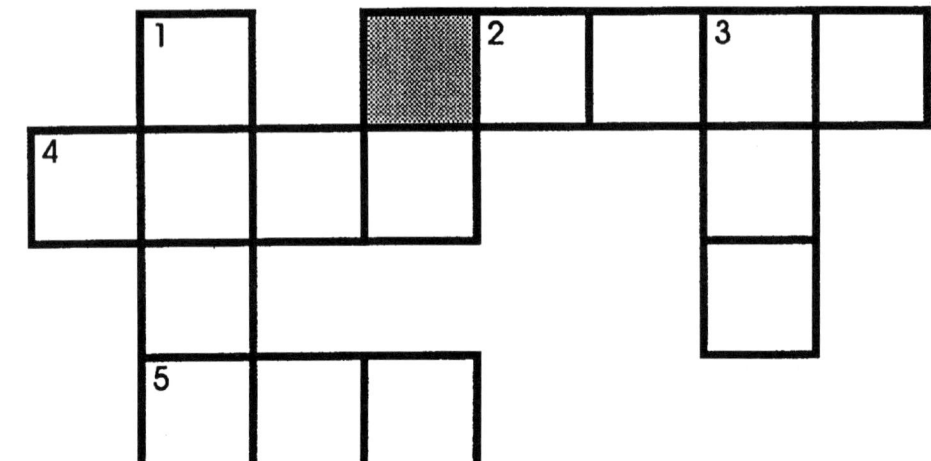

Across

2.

4.

5.

Down

1.

3.

Name _____ Picture words

In the House

Word Box
iron
fan
carpet
rag
mat

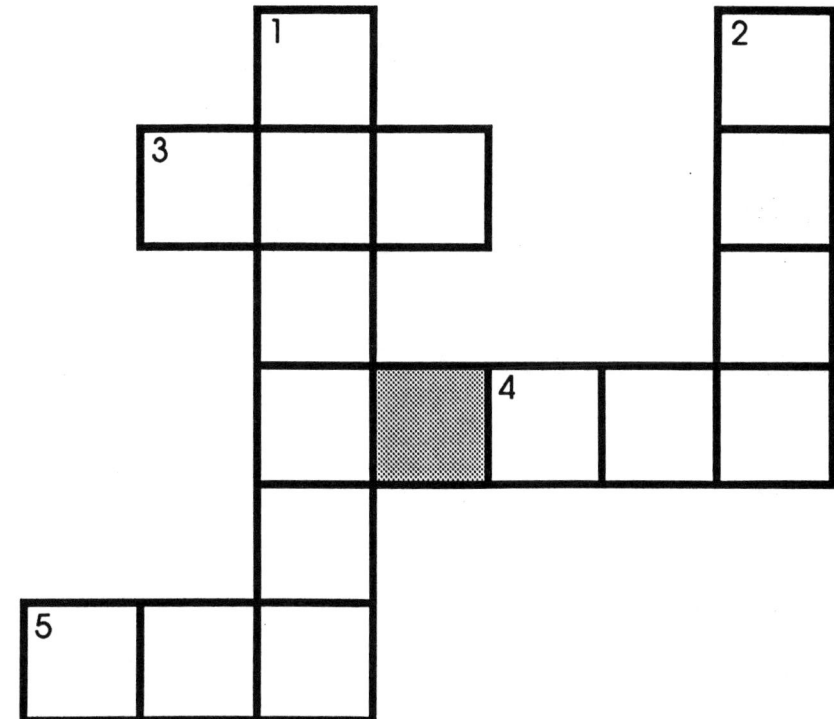

Across

3.

4.

5.

Down

1.

2.

Name _____ Picture words

Hold It

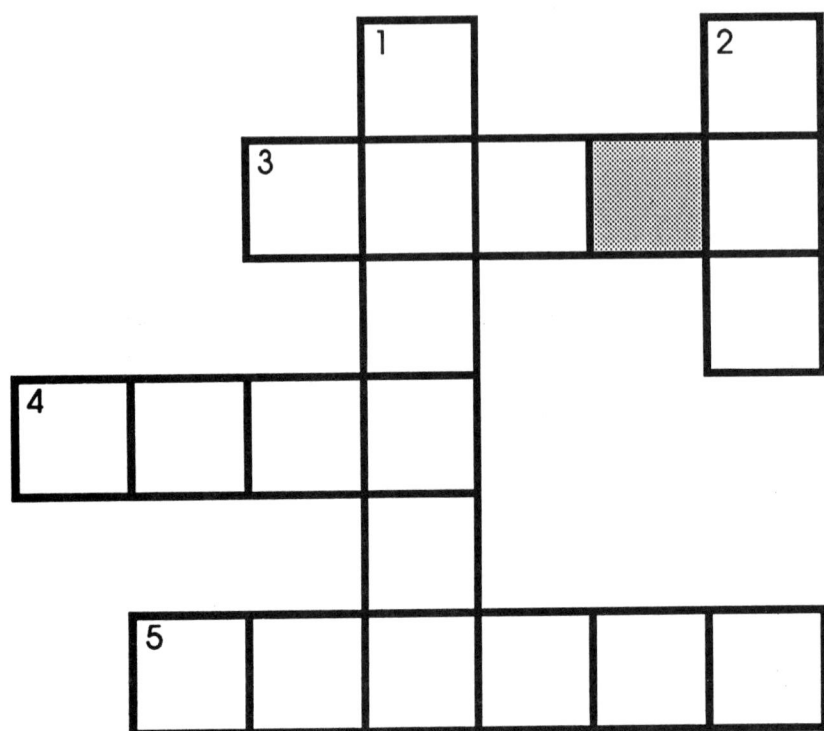

Word Box
jar
basket
box
sack
bottle

Across

3.

4.

5.

Down

1.

2.

Name _____ Picture words

Animal Friends

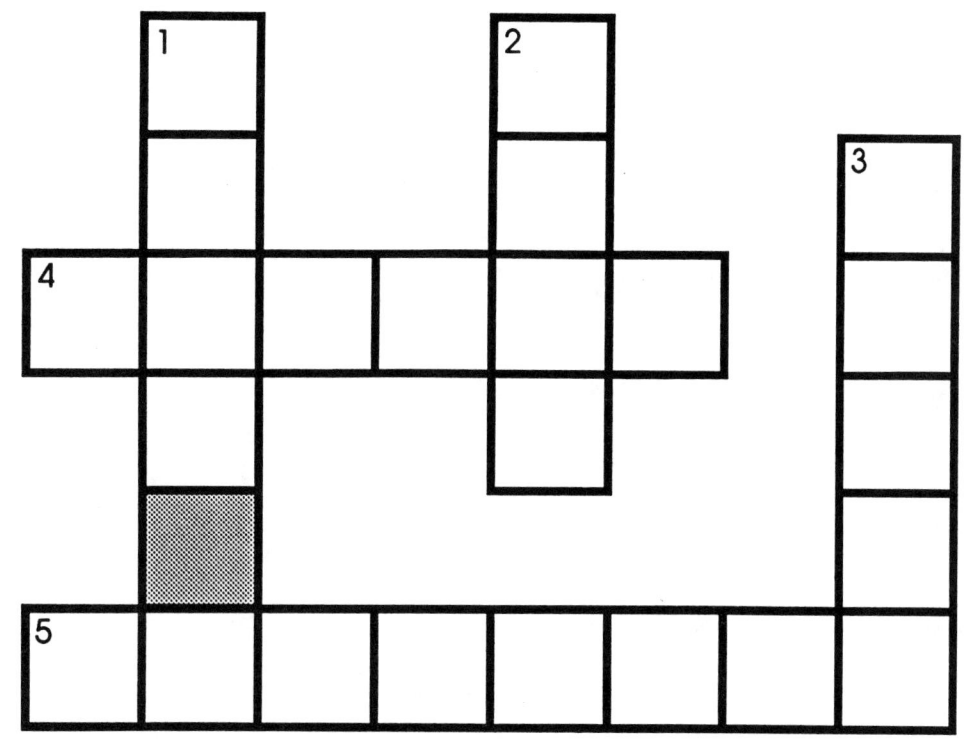

Word Box
seal
skunk
frog
parrot
chipmunk

Across

4.

5.

Down

1.

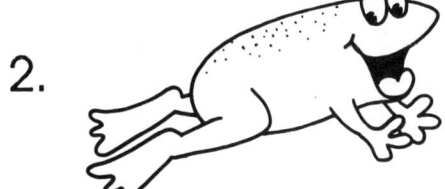
2.

3.

Name _____ Picture words

Nature

Word Box
volcano
mountain
river
lake
ant

Across

1.

4.

5.

Down

2.

3.

Name _____ Picture words

Baby Animals

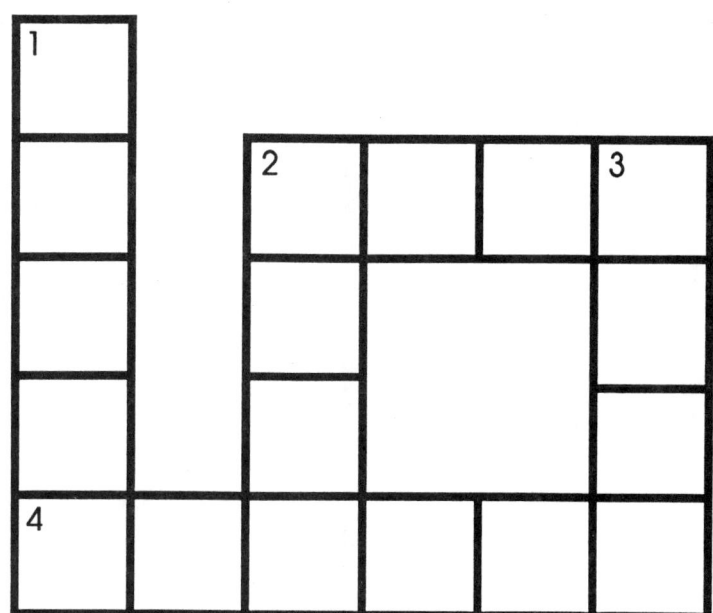

Word Box
fawn
chick
colt
kitten
calf

Across

2.

4.

Down

1.

2.

3.

© Frank Schaffer Publications, Inc.   61   FS-32040 Word Searches and Crossword Puzzles

Name _____   Picture words

Outdoors

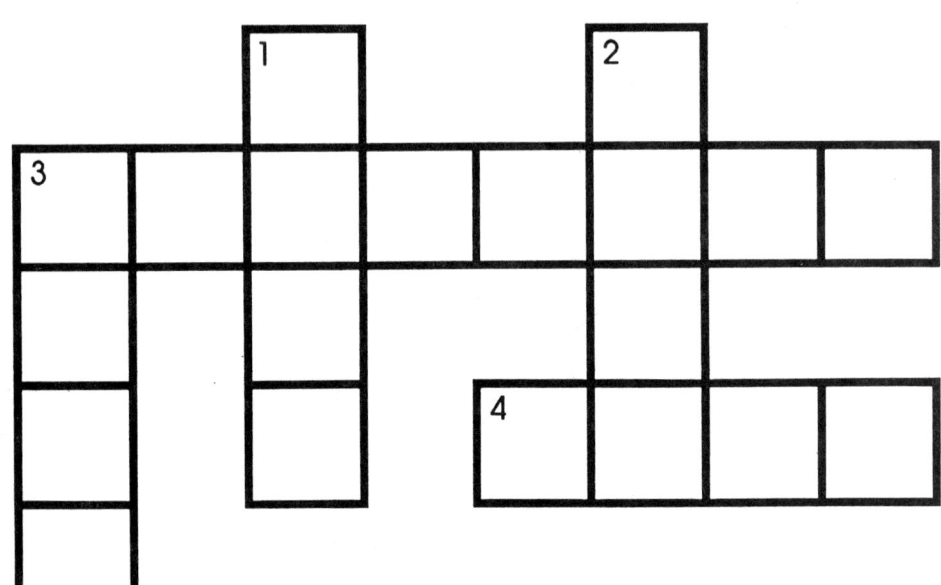

Word Box
wave
leaf
vine
sand
starfish

Across

3.

4.

Down

1.

2.

3.

Name _____   Picture words

In the Garden

Word Box
rake
spring
daffodil
rock
vegetables

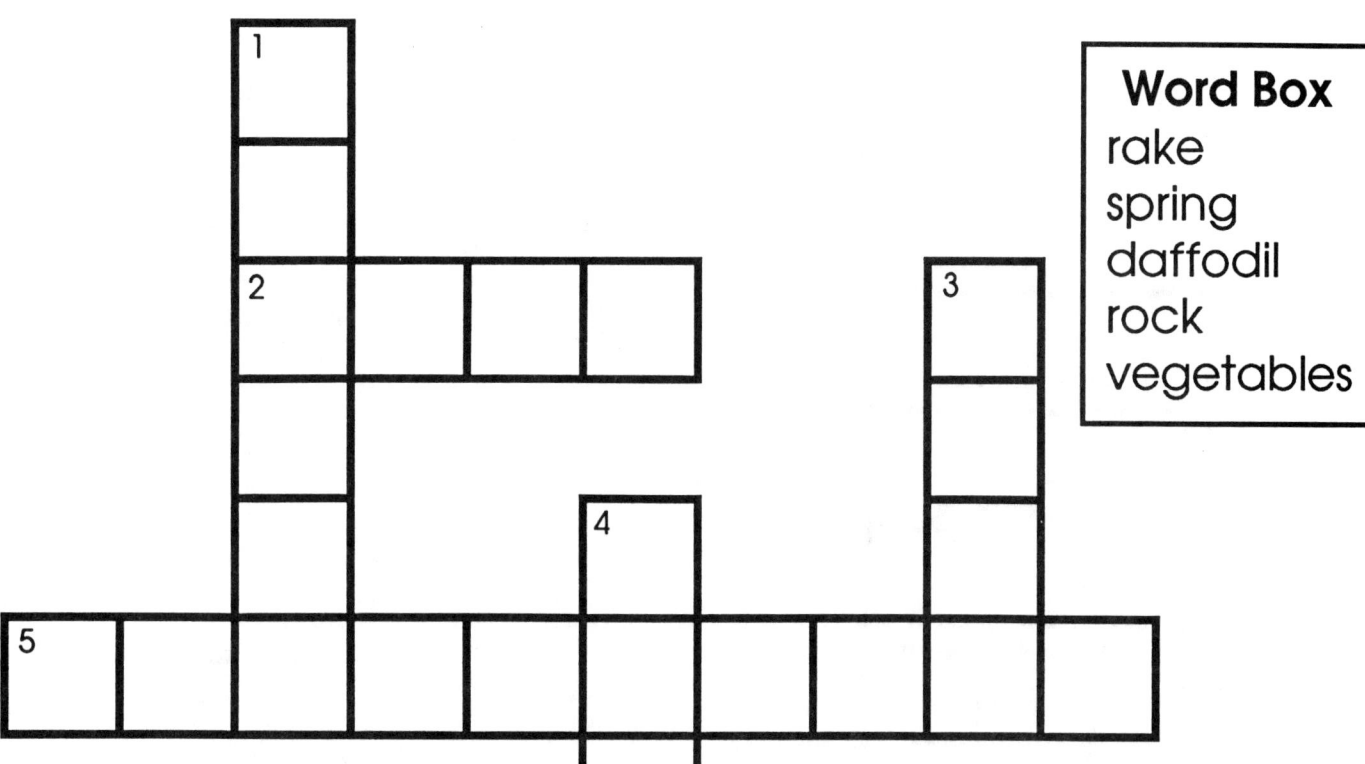

Across

2.

5.

Down

1.

3.

4.

Name _____   Picture words

Sewing

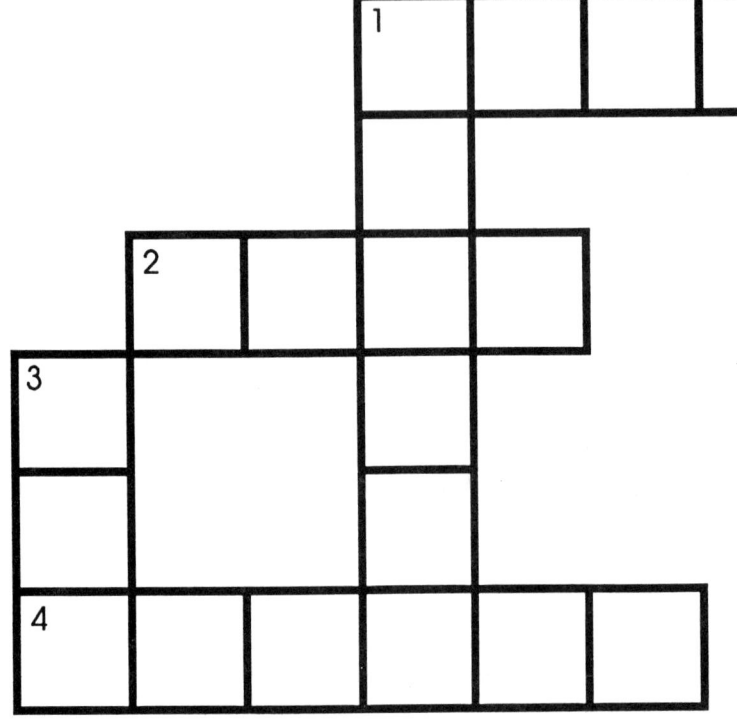

Word Box
thread
yarn
needle
thimble
pin

Across

1.

2.

4.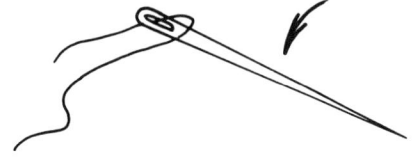

Down

1.

3.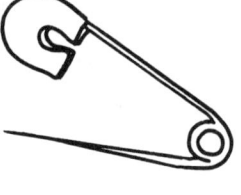

Name _____   Picture words

Summer

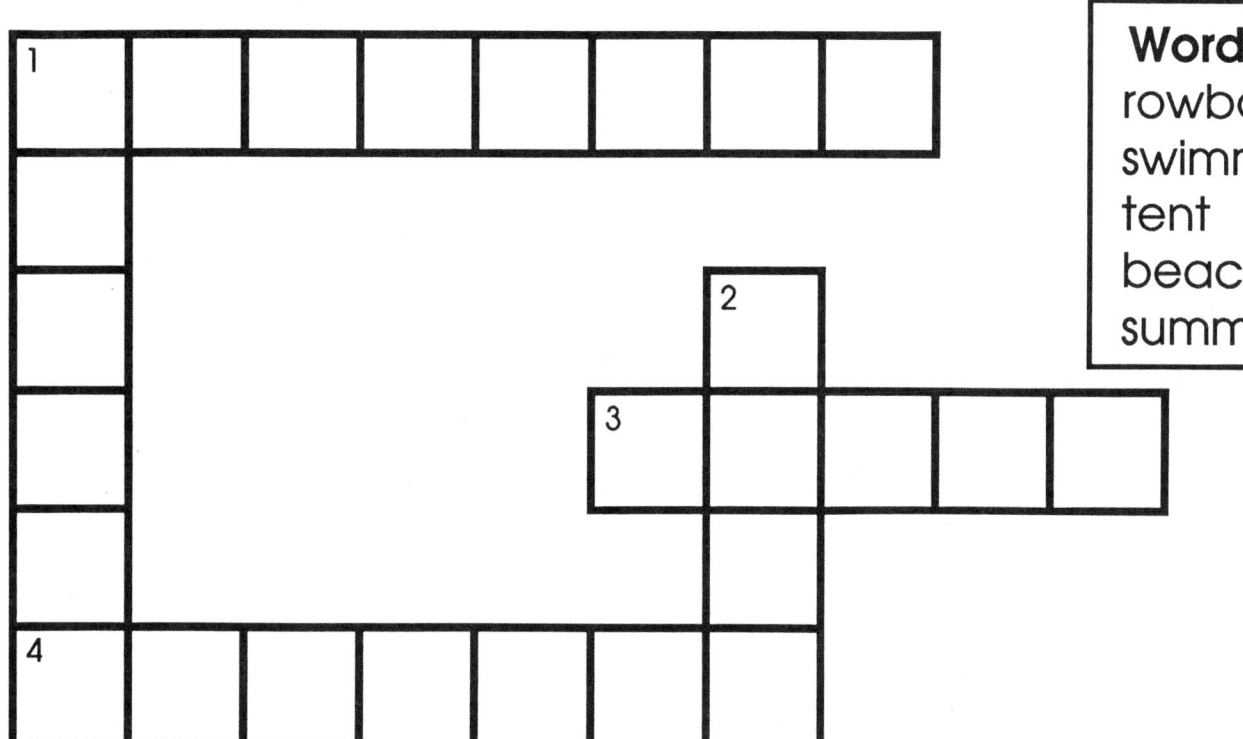

Word Box
rowboat
swimming
tent
beach
summer

Across

1.

3. (beach scene)

4. (rowboat scene)

Down

1. (summer scene)

2.

Name _____   Picture words

My House

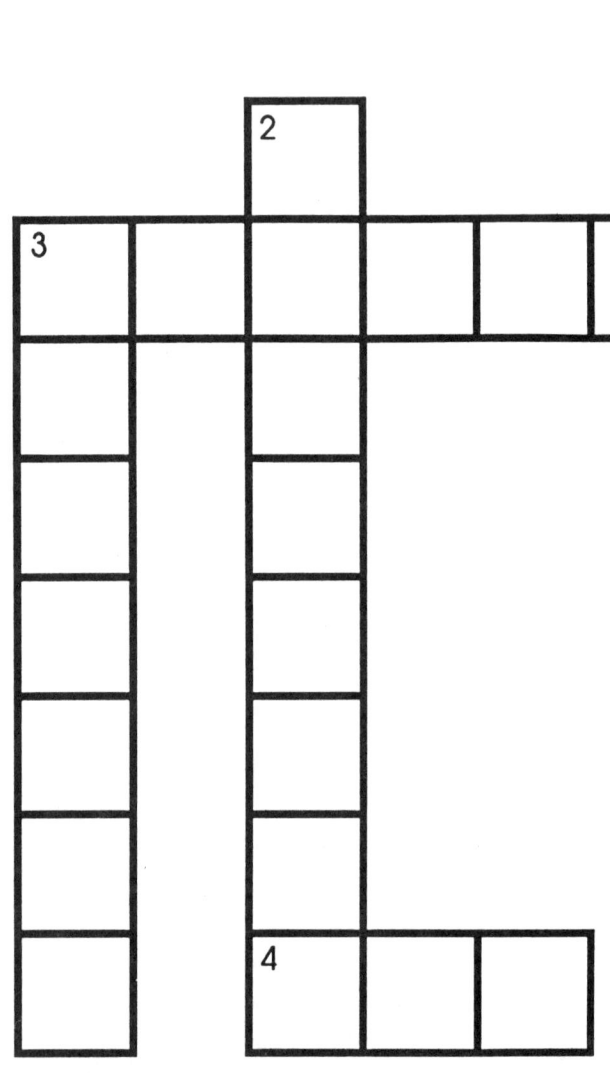

Word Box
bathroom
kitchen
blanket
bedroom
mop

Down

1.

2.

3.

Across

3.

4.

Name _____   Picture words

Winter

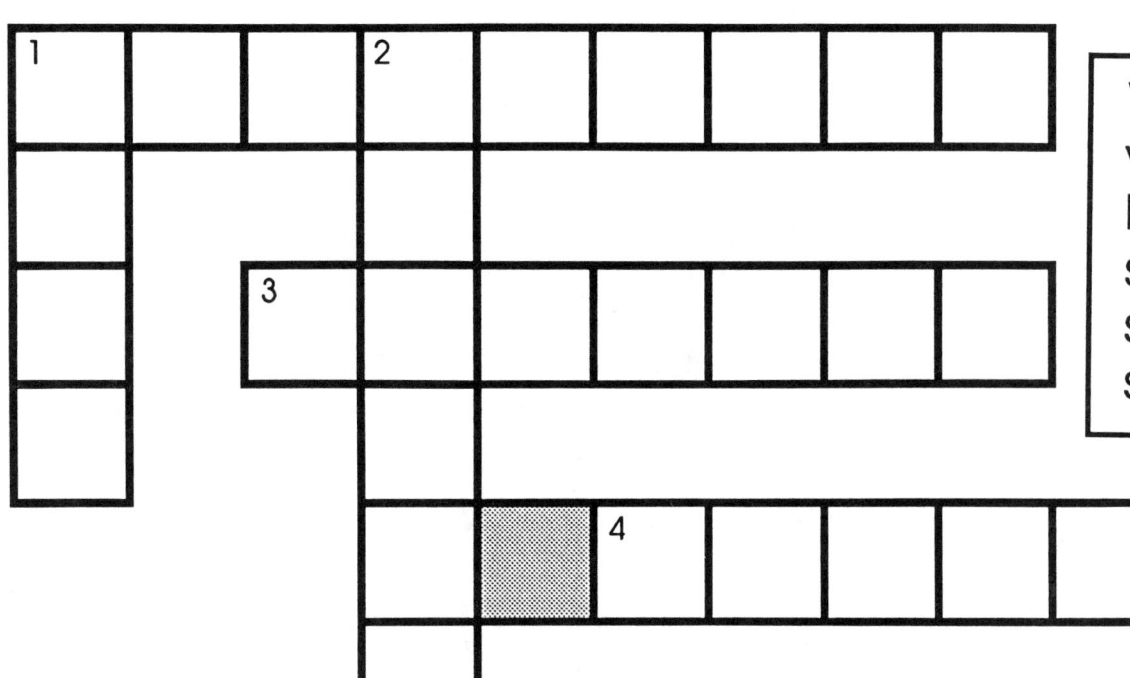

Word Box
winter
holly
snowflake
snowman
sled

Across

1.

3.

4. (holly image)

Down

1.

2.

Name _____   Picture words

Things to Eat

Word Box
cracker
salad
sandwich
peanut
cookie
fruit

Across

1.

4.

5.

Down

1.

2.

3.

Name _____ Sight words

Hide and Seek

```
f  i  v  e  p  k  u  l  p
p  l  e  y  f  t  o  z  r
o  g  s  i  l  t  d  a  o
s  n  a  m  e  q  r  q  r
n  e  i  u  h  b  r  s  g
f  s  w  q  y  k  e  p  f
j  c  n  o  j  v  d  e  s
```

I will go **to** your house.

He said **no** to me.

Is it big **or** little?

Four and one are **five**.

Look for my **name**.

Her house is **red**.

Name _____ Sight words

Are the Words Here?

```
n h e r e k l c k
u m k f e i k h u
a f o n w u g e n
j w k u d h v l r
z o r a n g e p e
m u x b w s b t s
y u l w a k u k o
```

I see **my** car.

Come **here** to me.

This is **so** funny.

A little mouse is **on** me.

I will **help** you.

The color is **orange**.

Name _____ Sight words

Do You See the Words?

```
w  h  x  s  d  o  f  m  u
y  u  l  b  l  v  s  k  r
e  z  m  f  r  y  l  m  o
l  u  d  y  i  w  s  e  z
l  h  e  f  d  h  n  j  u
o  t  r  k  e  b  g  s  t
w  h  f  q  a  w  h  a  t
```

I have a **yellow** car.

This is good for **me**.

She can **do** it.

Did **he** stop here?

I will **ride** with you.

This is **what** I like.

© Frank Schaffer Publications, Inc.   FS-32040 Word Searches and Crossword Puzzles

Name _____ Sight words

Look for the Words

```
i g r e e n b i k
h n e r i h h a s
v s t o p u l b h
w v m p n h r u i
i k g h w a l h m
l e u b t v o p k
l u k u v e q s y
```

Look at **him** run.

We can **stop** here.

My hat is **green**.

I **will** play with you.

I **have** to go.

She **has** a big house.

Name _____ Sight words

Find the Words

```
s a w z u w s u q
b p c a t k b e r
h r d v s l i k e
j f t q a i g b r
i p c o k y n l t
t s x n u f q u c
b a z e i q n e u
```

I can write **it**.

My hat is **blue**.

I **saw** an old dog.

Two and **one** are three.

I **like** to play.

My **cat** can run fast.

Name _____ Sight words

How Fast Are You?

```
n i q s l u k p w
i b h u f i c p h
w i t h a b a k i
h r e r s a r y t
b u w h t f x c e
k k o b l g c d b
t n i n e n a n d
```

Jump in the **car**.

Come **with** me.

I have a **white** cat.

Five and four are **nine**.

Come **and** help me.

My dog is **fast**.

Name _____ Sight words

Jump Right In!

```
i p d r t b p l i
l u m w p o b t w
n r s a l y m p e
s p j u m p q g j
e l u c t r f s u
k e b f d s u p c
s a i d i a z r b
```

I can draw a **boy**.

Can **we** play here?

I **said** not to run.

I have a **purple** hat.

Look **up** at them.

Look at him **jump**.

Name _____   Sight words

Use Your Eyes

```
z b r o w n u d i
c r h u a k t y l
d o g v c h u o m
i q s k o e j u q
u d r h s r k r u
m p c y d i o l d
g p l a y o t d g
```

I can draw a **dog**.

Look at **her** jump.

I see a **brown** dog.

Here is **your** hat.

She will **play** here.

The man is **old**.

Name _____   Sight words

Find All the Words

a	b	h	n	t	a	l	j	d
u	l	b	t	s	r	c	a	n
t	h	i	s	l	e	y	f	b
h	u	j	m	b	i	r	c	i
x	r	s	g	q	u	a	r	g
m	x	v	e	s	b	l	p	n
s	b	l	a	c	k	l	w	a

I have a **black** cat.

The house is **big**.

I must eat **this**.

I **can** run fast.

This is **all** I have.

You **are** fast.

Name _____ Sight words

Find the Words Now

```
c  l  g  e  n  h  u  r  t
l  y  t  h  i  n  g  v  w
o  m  c  n  v  d  s  t  w
t  h  b  g  u  i  u  g  a
h  v  n  r  c  v  c  t  t
e  w  o  c  p  l  h  j  e
s  k  w  z  t  y  l  k  r
```

Give me that **thing**.

I like to play in the **water**.

This is **such** a funny book.

I am not **hurt**.

Please help me **now**.

My **clothes** look pretty.

Name _____ Sight words

Try to Find the Words

```
d a w o m a n c k
t u o l v j g y t
r h m i b n h v o
y d f g e w i m o
i l y t e b g t g
z u y s n f h t x
b e t t e r j e u
```

How **high** is it?

I want a drink, **too**.

Please **try** this again.

This is much **better**.

The **woman** has a pretty dress.

I have **been** to the zoo.

Name _____ Sight words

Search High and Low

```
e n o u g h y n f
g e j t h z d e z
f r i e n d i x o
e x a v y m k t t
s f i r e n b u h
y a z r i l u o e
f k i e o t y t r
```

My **other** dog is funny.

I will **buy** this.

Keep away from **fire**.

I am **next**.

You are my **friend**.

I had **enough** to eat.

Name _____ Sight words

Show These Words

```
g s f e g k u l b
p h y q o o l v e
a g d r t s h t c
r y s h a l l j a
t p l c k p m g u
f z i s h o w v s
a b o u t j w c e
```

We **shall** help each other.

It is **about** one o'clock.

I will **show** you my book.

I **got** a book.

You can color this **part**.

I like him **because** he is kind.

Name _____ Sight words

Never Give Up

```
w p n u y w i v f
q t e c x i u t l
w r w f u l l e y
a k x l z u d f u
y e l n n e v e r
d v g p v z p g m
p s a n o t h e r
```

An airplane can **fly**.

The car is **full** of people.

Come this **way**.

I **never** saw a green cat.

This is a **new** crayon.

Here is **another** book.

Name _____ Sight words

Use Your Eyes

```
u d w m o f r c d
a o a o m r d s e
j e v n k s p x p
b s c e v n z u x
z q t y o g e s f
l o n g a w i e n
n p t h e i r z q
```

I have **their** letter.

I have no **money**.

You may **use** this.

We can take a **long** walk.

A cat **does** not fly.

She is a friend **of** my sister.

Name _____ Sight words

Find These Words

```
v u b r o t h e r
o t h e s e m q a
f y l u s k h b v
f x b r e f y r k
c k a p q c w i r
a b c n b r s n t
g i k f z u e g w
```

Look at **these** new books.

Keep **off** the grass.

Please **bring** it here.

Come **back** soon.

This is for **us**.

Her **brother** gave it to me.

Name _____ Sight words

Be Sure

e	p	d	g	w	c	u	f	M
t	e	a	c	h	e	r	t	r.
y	v	q	o'	c	l	o	c	k
m	l	c	r.	m	p	m	g	y
o	g	r	o	w	j	l	k	n
r	t	b	q	s	g	r.	t	p
e	l	w	o'	v	s	u	r	e

Are you **sure**?

Mr. Brown is my friend.

I will **grow** every year.

Here are **more** crayons.

It is four **o'clock**.

My **teacher** gave me this book.

Name _____ Sight words

Do Your Own Work

```
f  d  o  n't  z  s.  v  p
t  x  e  i  p  l  g  a  i
M  r  s.  j  i  k  n'  u  c
j  d  k  o  c  i  m  f  t
t  j  i  w  t  n  q  o  u
z  e  l  n  p  d  u  t  r
w  g  o  e  s  x  l  t  e
```

You are very **kind**.

This is my **own** paper.

We **don't** live here.

Mrs. Green is a teacher.

My car **goes** fast.

I will draw a **picture**.

Name _____ Sight words

Write the Words

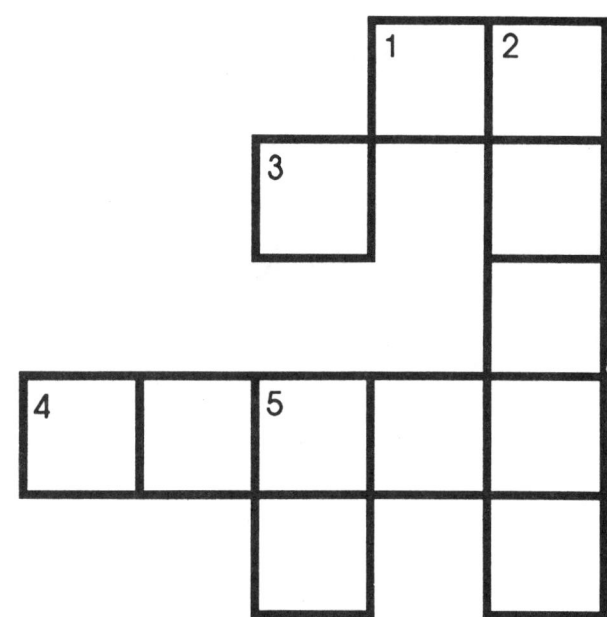

Word Box
I
in
is
write
seven

Across

1. This ___ my cat.

3. ___ can draw a car.

4. I can ___ my name.

Down

2. Six and one are ___.

5. Look ___ here.

Name _____ Sight words

What Can It Be?

Word Box
be
eat
color
white
three

Across

2. I have a ___ cat.

4. The ___ is red.

5. I will not ___ fast.

Down

1. He will ___ six.

3. One and two are ___ .

Name _____ Sight words

Figure It Out

Word Box
the
put
away
come
brown

Across
1. He ___ it down.
3. You can ___ with me.
5. I see a ___ dog.

Down
2. Play with ___ dog.
4. Did the cat run ___?

Name _____ Sight words

Solve the Puzzle

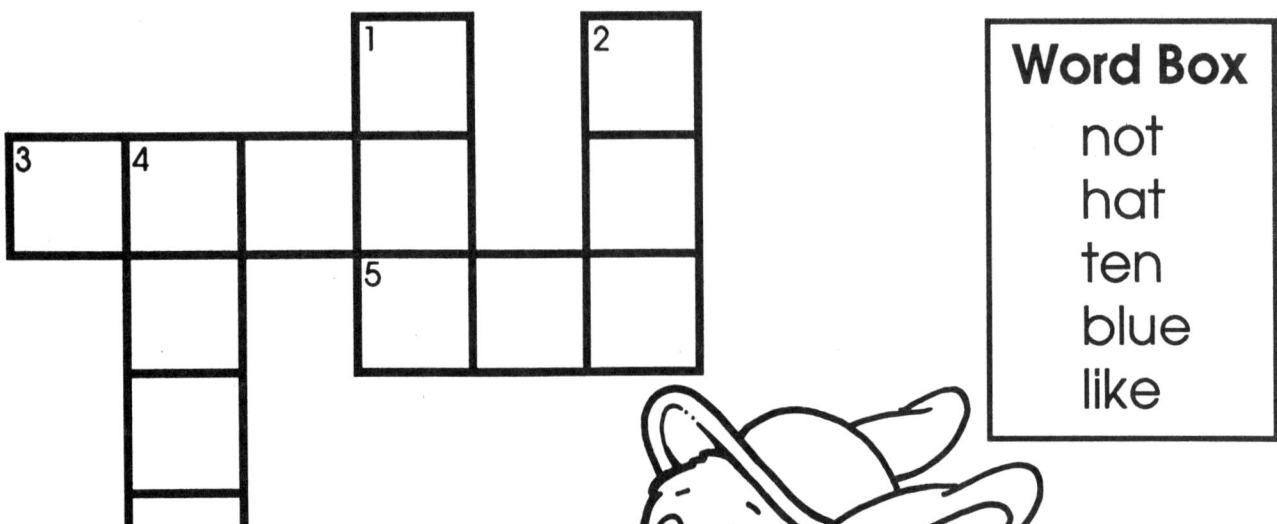

Word Box
not
hat
ten
blue
like

Across

3. My hat is ___ .

5. The cat is ___ here.

Down

1. Five and five are ___ .

2. Put on your ___ .

4. I ___ to play.

Name _____ Sight words

Make the Words Fit

Word Box
- an
- go
- six
- mouse
- black

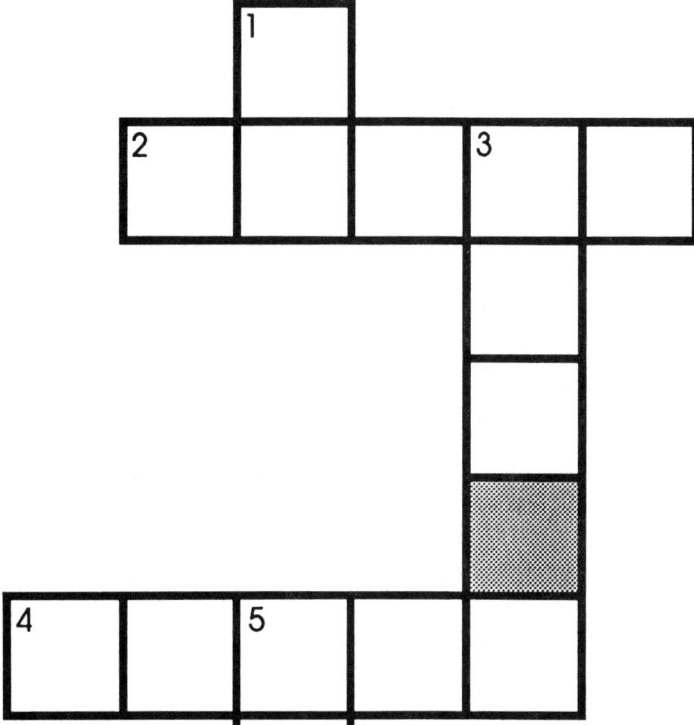

Across
2. She can draw a ___ .
4. I have a ___ cat.

Down
1. You can ___ with me.
3. Three and three are ___ .
5. This is ___ orange.

Name _____ Sight words

Across and Down

Word Box
see
man
was
down
yellow

Across

3. I ___ you.

5. I will jump ___ .

Down

1. It ___ big.

2. I have a ___ car.

4. The ___ is big.

Name _____ Sight words

Look Here

Word Box
red
she
had
look
make

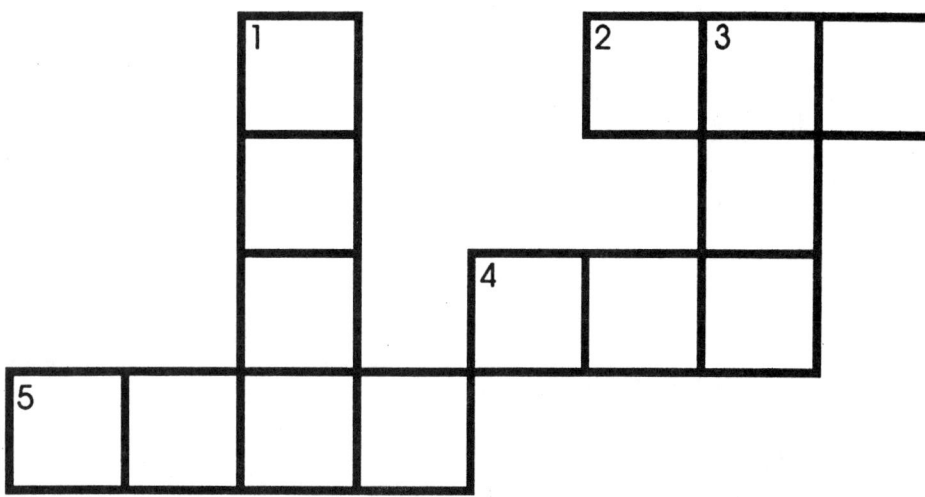

Across

2. Here ___ is.

4. Her house is ___ .

5. I will ___ this.

Down

1. Come and ___ at me.

3. I ___ to stop.

Name _____ Sight words

A Little Puzzle

Word Box
a
two
run
orange
little

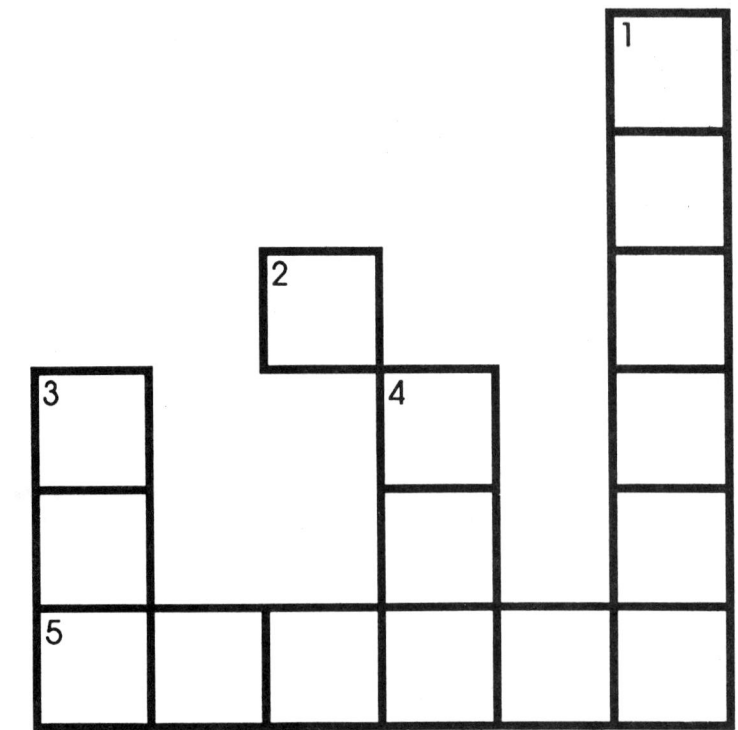

Across

2. This is ____ car.

5. The color is ____ .

Down

1. This is a ____ dog.

3. One and one are ____ .

4. You can ____ fast.

Name _____ Sight words

Read and Write

Word Box
at
house
green
am
eight

Across

1. I ___ down here.
2. Four and four are ___ .
4. Come to my ___ .

Down

1. Look ___ me.
3. My hat is ___ .

Name _____ Sight words

Always Read Carefully

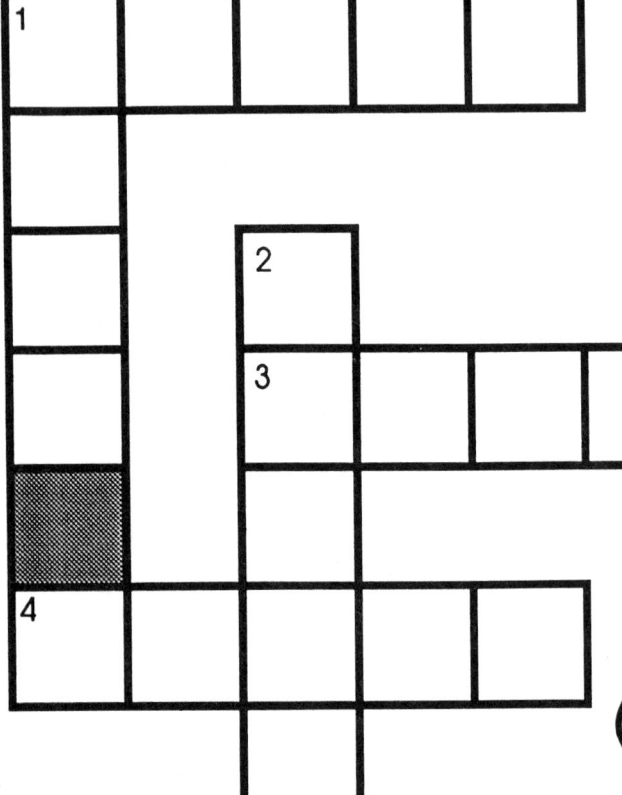

Word Box
always
began
laugh
drink
does

Across

1. She will ___ the water.

3. I ___ wash myself.

4. My dog ___ to jump high.

Down

1. A cat ___ not fly.

2. It made me ___ .

Read and Write the Words

Word Box
dress
across
together
those
each

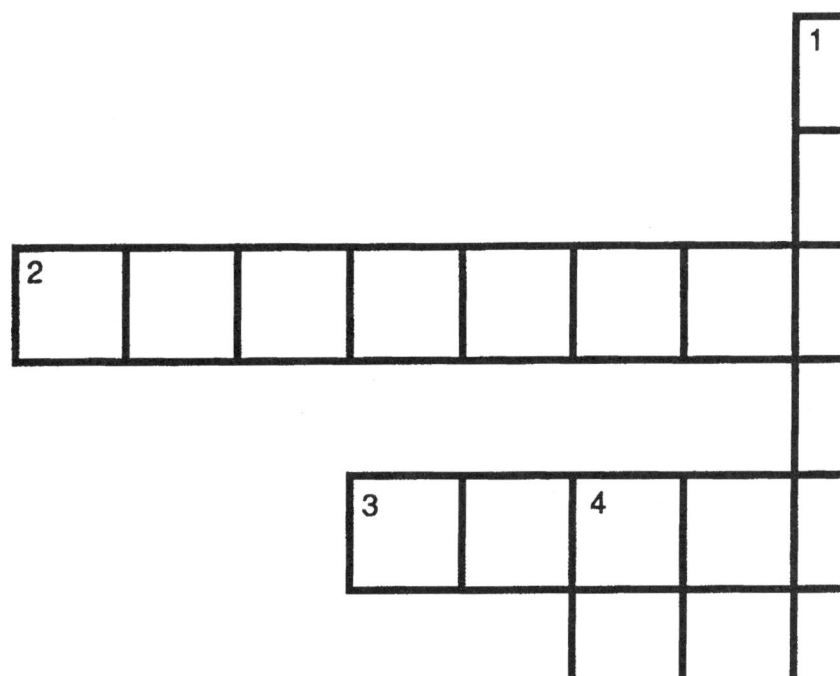

Across

2. We will do this ___ .

3. I can ___ myself.

5. Are ___ crayons for you?

Down

1. Walk ___ the street.

4. I read ___ day.

Name _____ Sight words

Write the Letters

Word Box
light
letter
into
took
teacher

Across

1. Get ___ the car.
3. It is ___ now.
4. She can read this ___ .

Down

2. My ___ gave me this book.
5. I ___ the ball.

Name _____   Sight words

Picture These Words

Word Box
picture
people
until
stand
hold

Across
3. Let me ___ it.
5. I will draw a ___ .

Down
1. The ___ came to see us.
2. Keep this ___ one o'clock.
4. Please ___ up.

Name _____ Sight words

Watch Out!

Word Box
because
should
sister
wash
watch

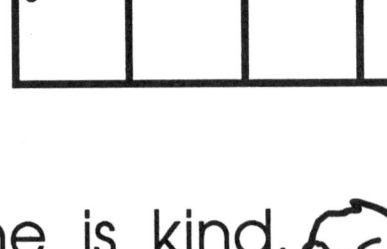

Across

3. I like him ___ he is kind.

5. I will ___ the dog.

Down

1. Her ___ can walk fast.

2. Please ___ your sister.

4. I ___ play with him.

Name _____ Sight words

Use Only Five Words

Word Box
pull
only
near
clothes
crayon

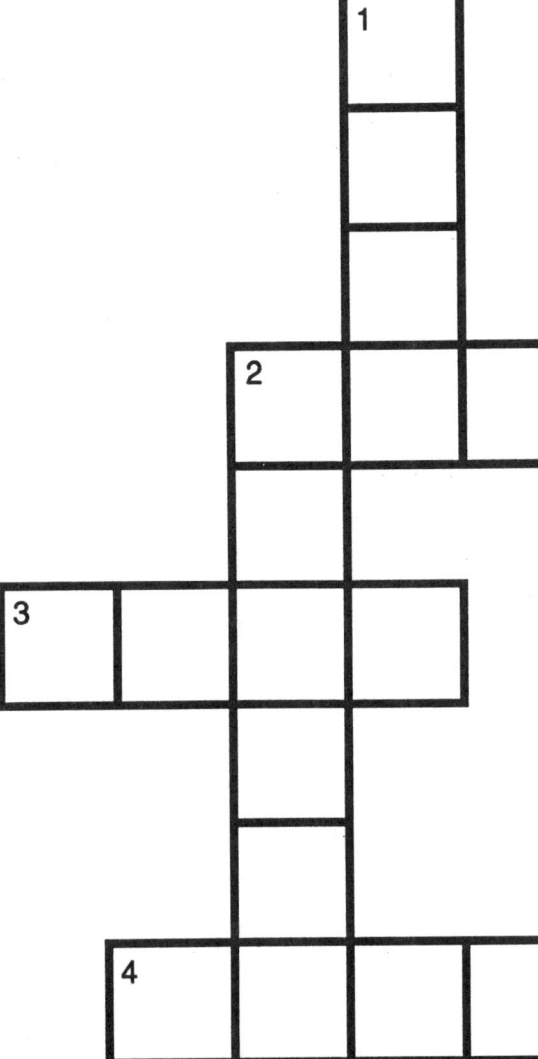

Across

2. My ___ look pretty.

3. I am ___ you.

4. He is ___ two years old.

Down

1. Help me ___ this up high.

2. Here is a red ___ .

Name ______________________________ Sight words

A Puzzle for Today

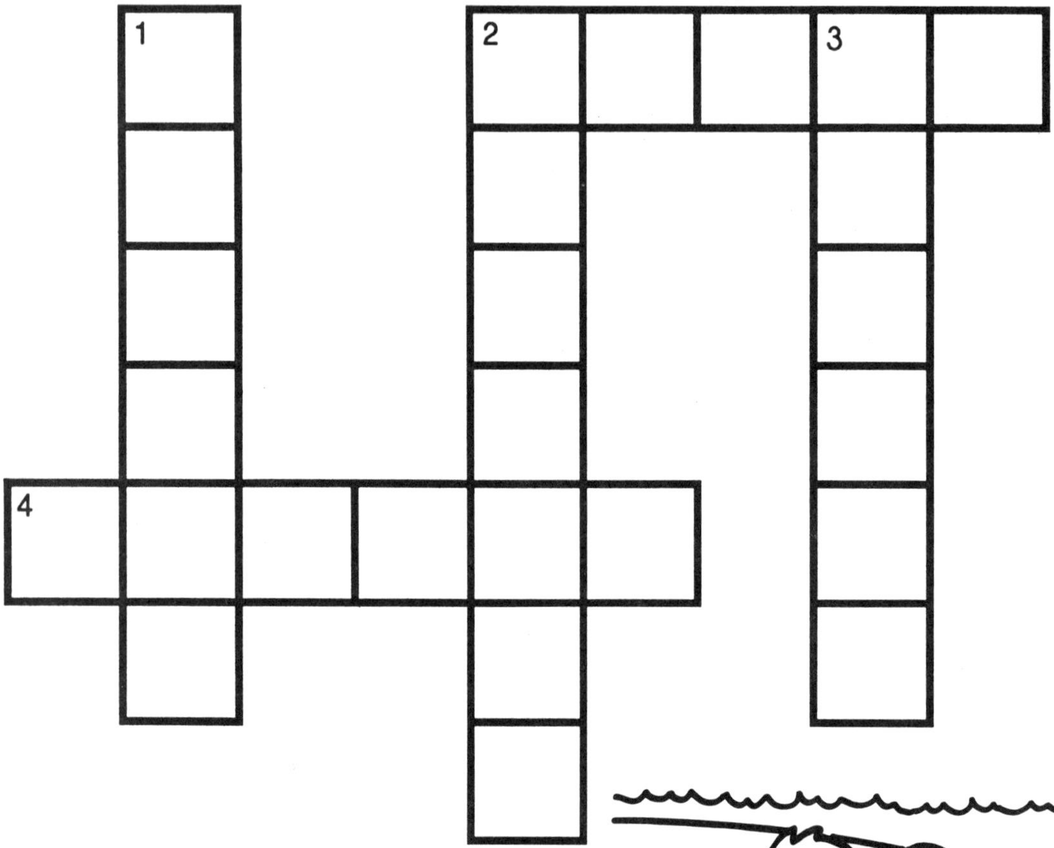

Word Box
thought
enough
behind
animal
today

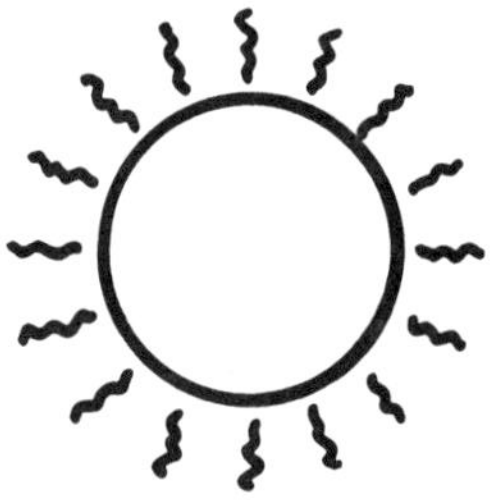

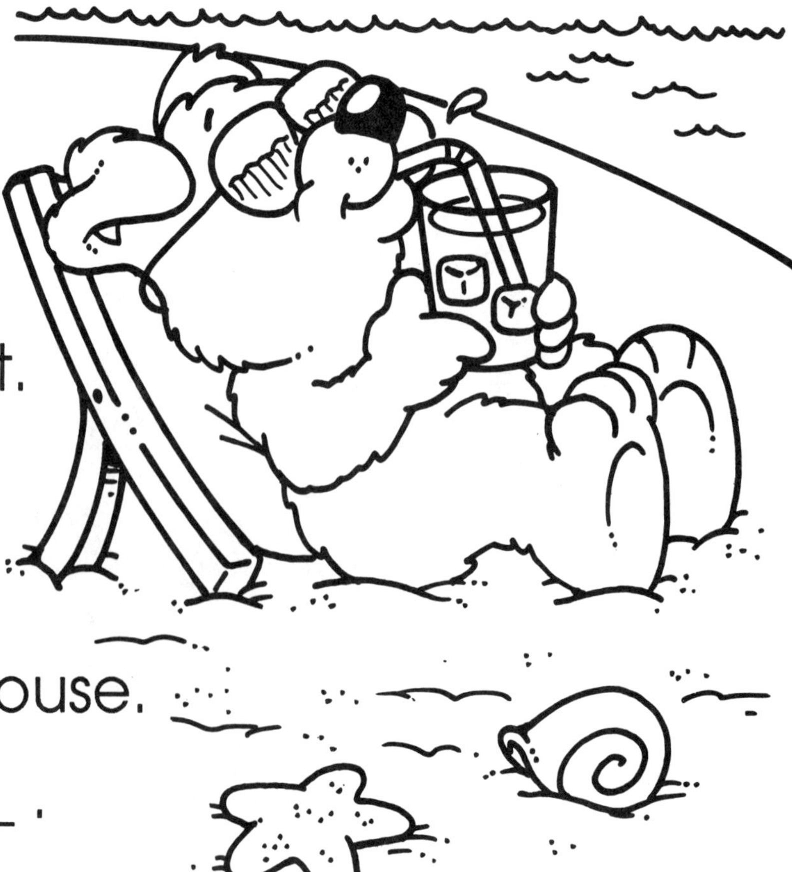

Across

2. It is hot ____ .
4. I had ____ to eat.

Down

1. Walk ____ me.
2. I ____ I saw a mouse.
3. A dog is an ____ .

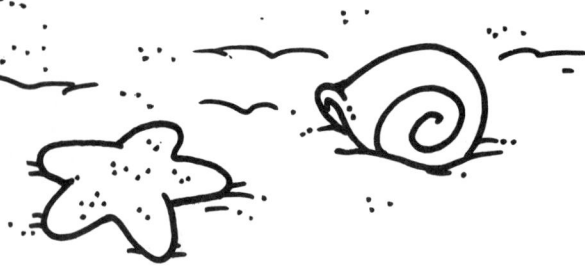

Name _____ Sight words

A Small Puzzle

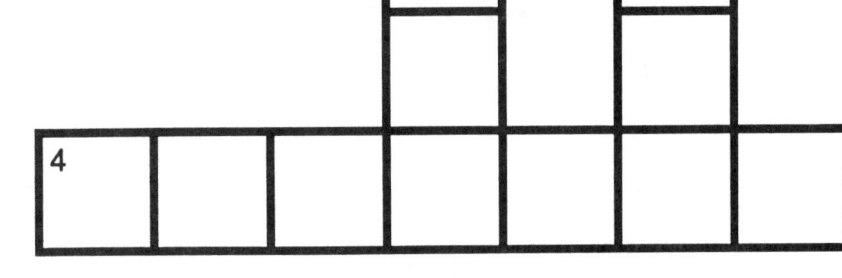

Word Box
brother
must
left
small
move

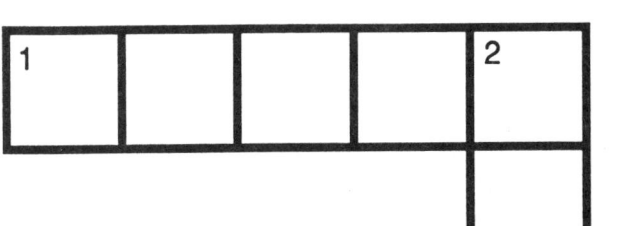

Across
1. This dress is too ___.
3. I ___ go now.
4. Her ___ gave it to me.

Down
2. I ___ it at school.
3. Please help me ___ it.

Name _____   Sight words

Pick the Right Words

Word Box
paper
another
pick
around
done

Across
1. Here is ___ book.
2. Please ___ it up.
3. I am ___ with my work.

Down
1. Look ___ me.
2. I can read this ___.

Answer Key

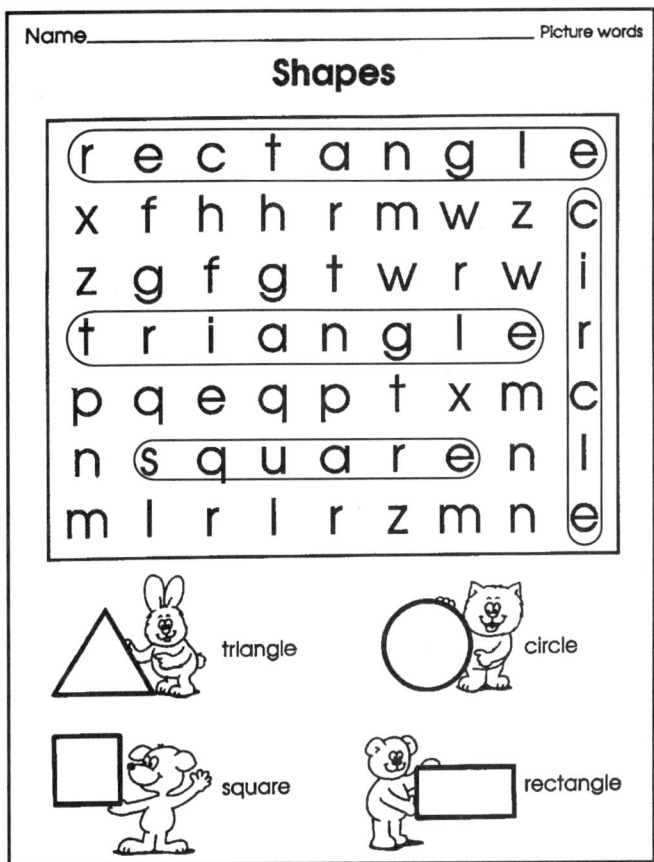

Page 1

Page 2

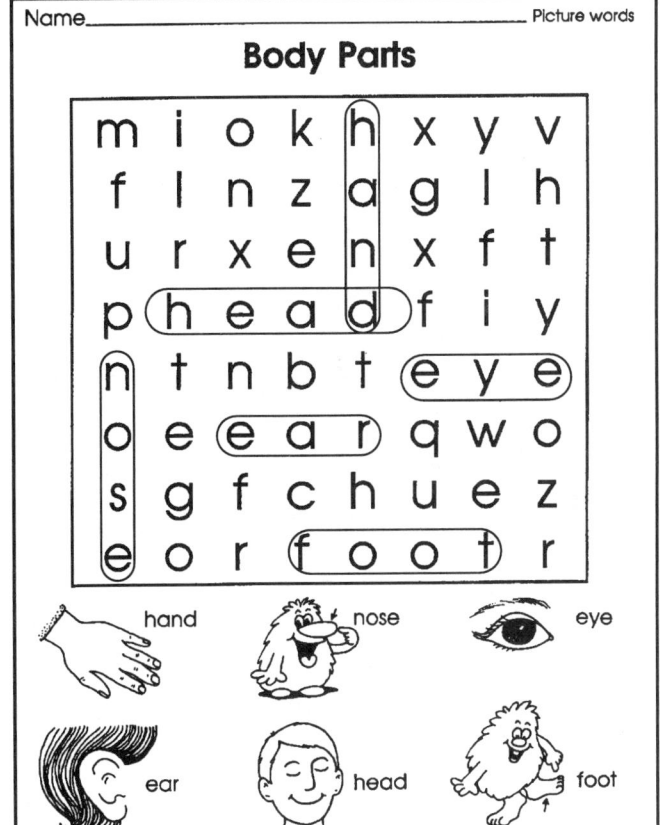

Page 3

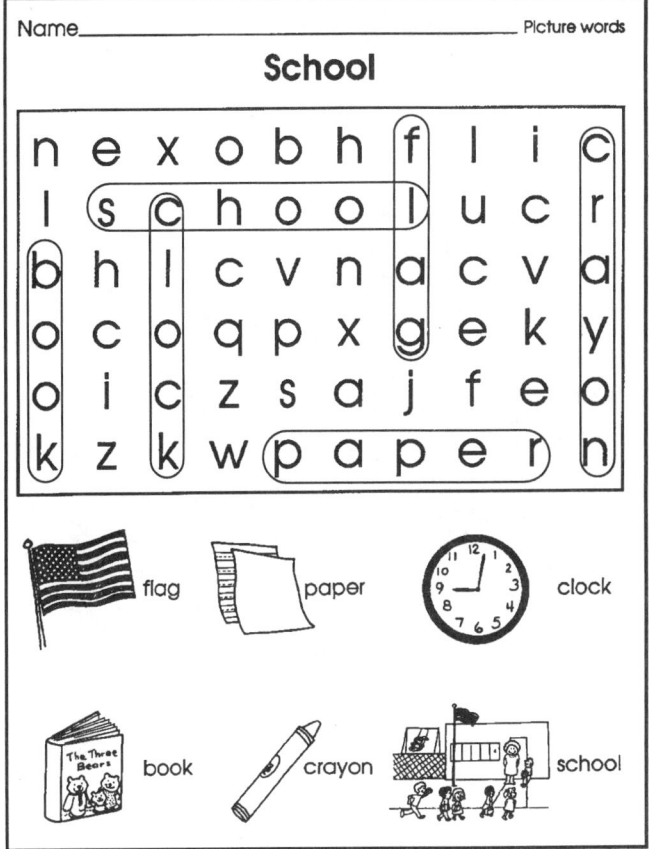

Page 4

Answer Key

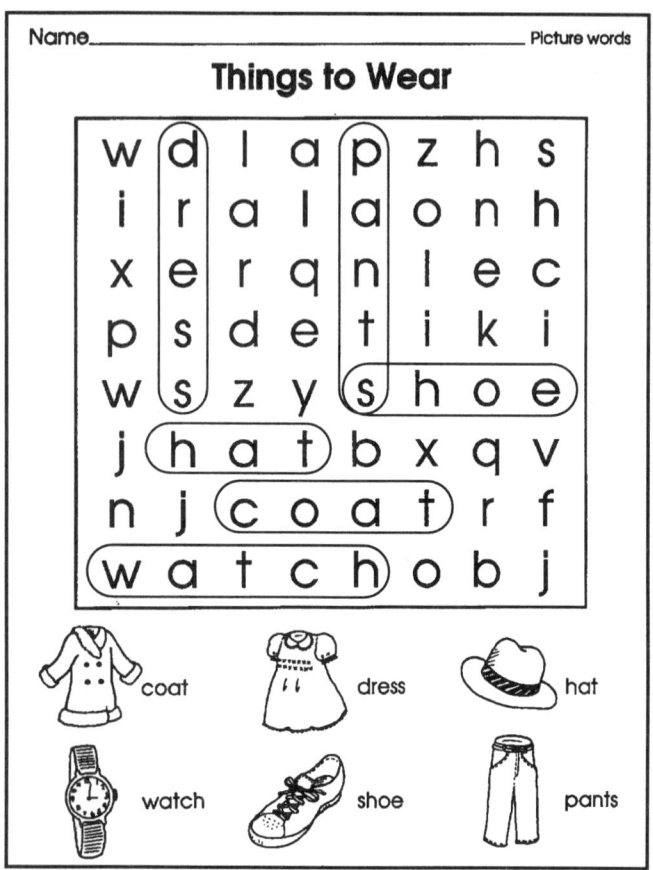

Page 5

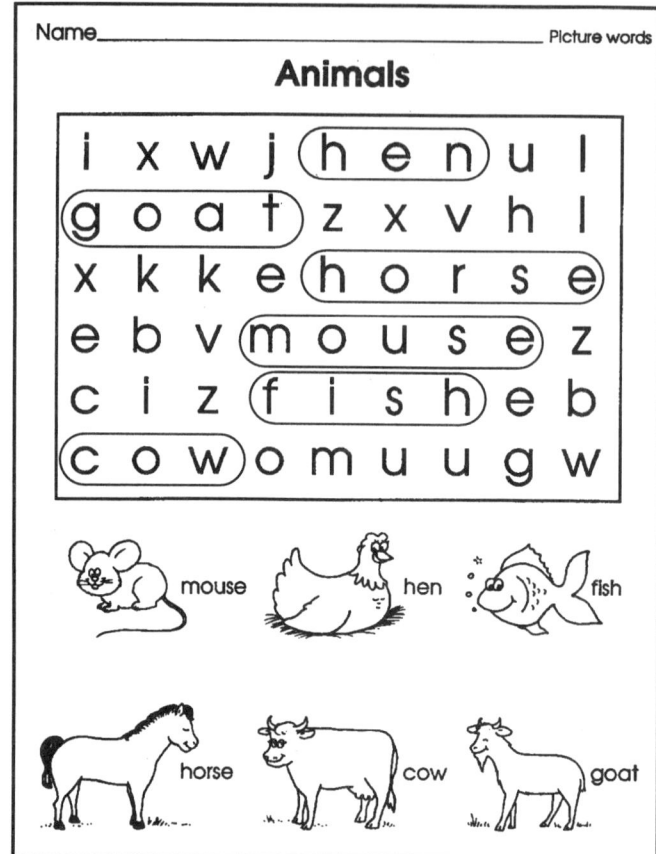

Page 6

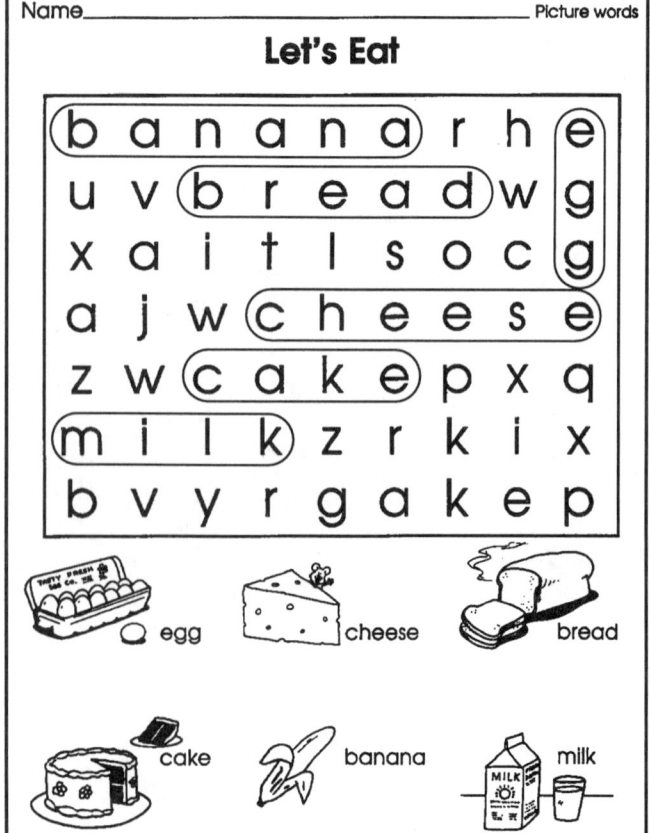

Page 7

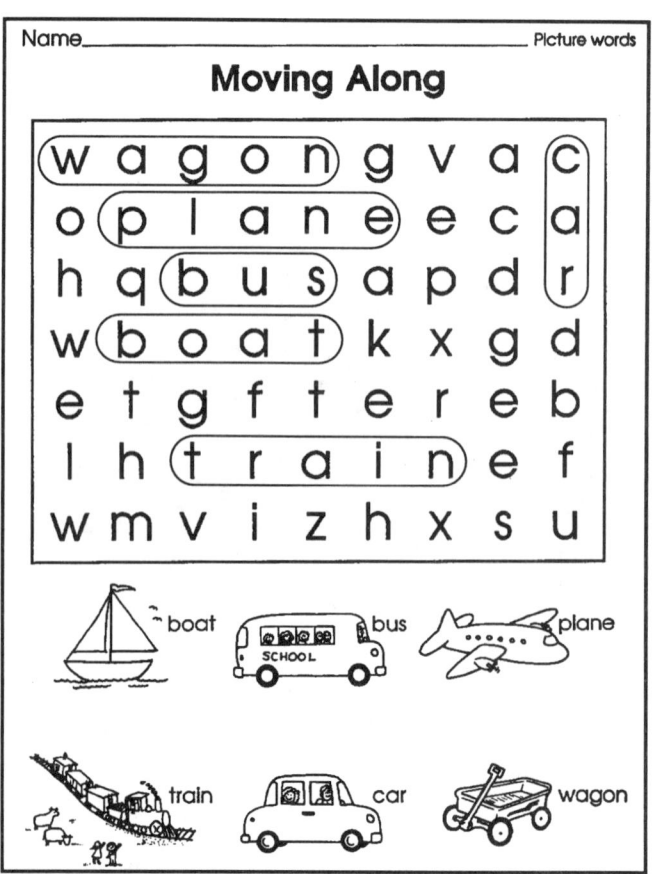

Page 8

Answer Key

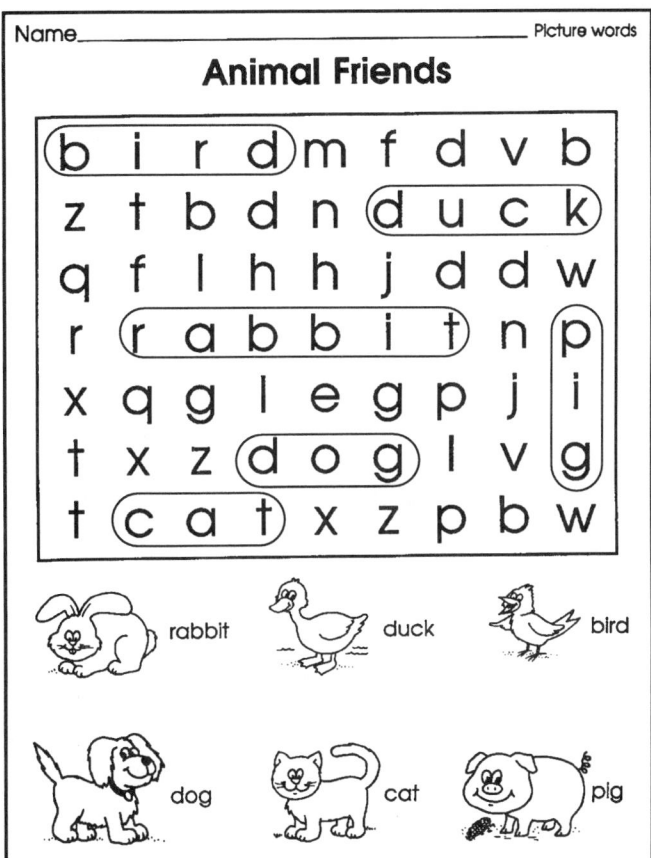

Page 9

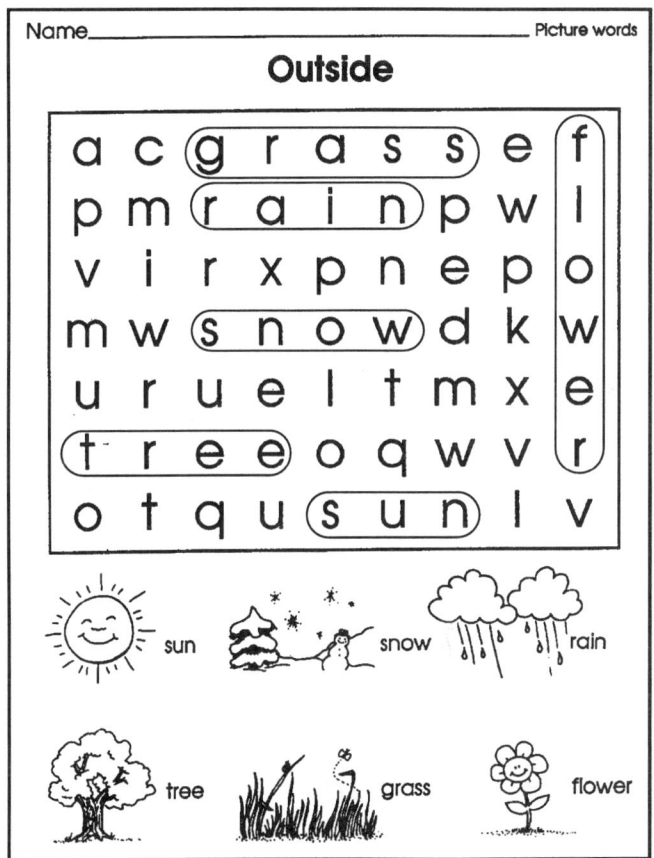

Page 10

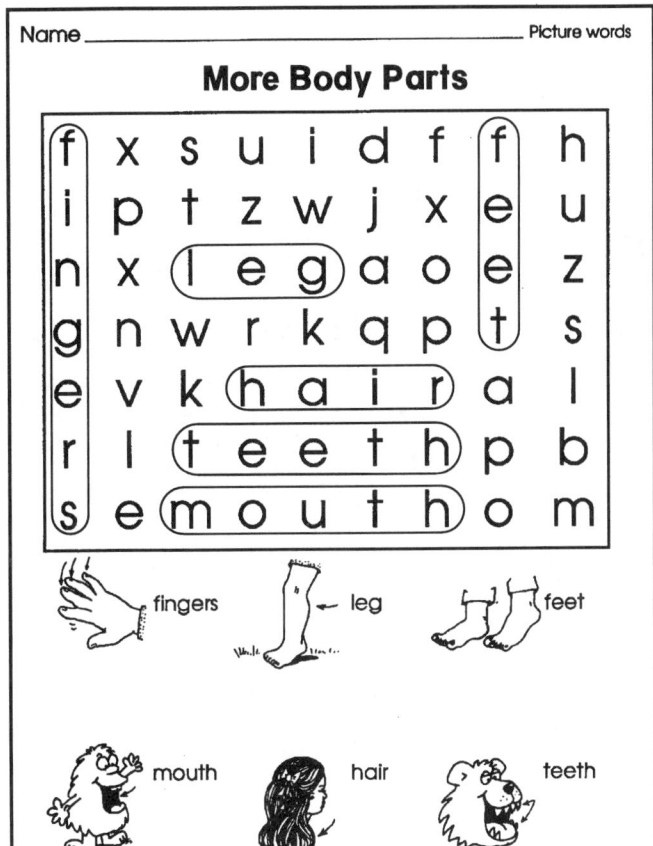

Page 11

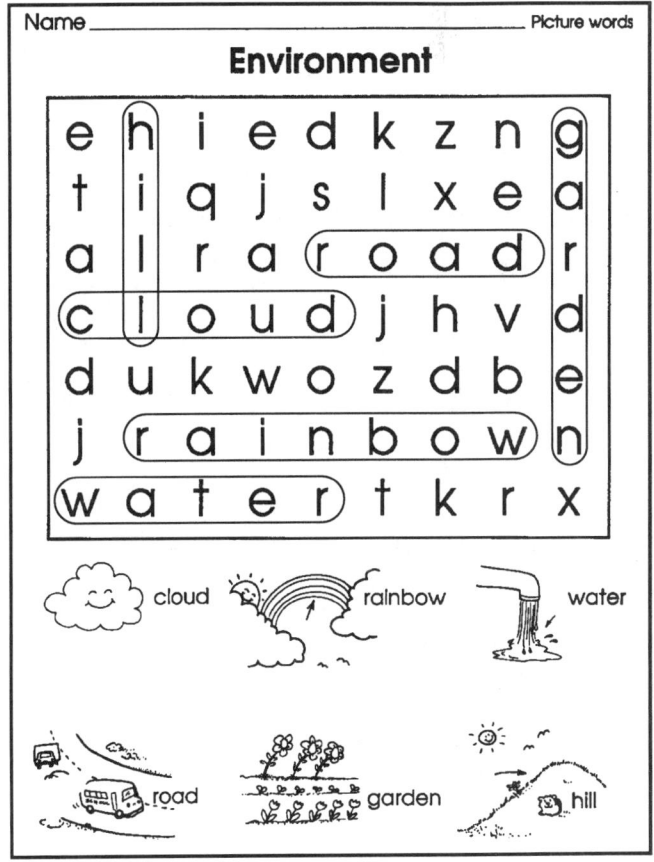

Page 12

Answer Key

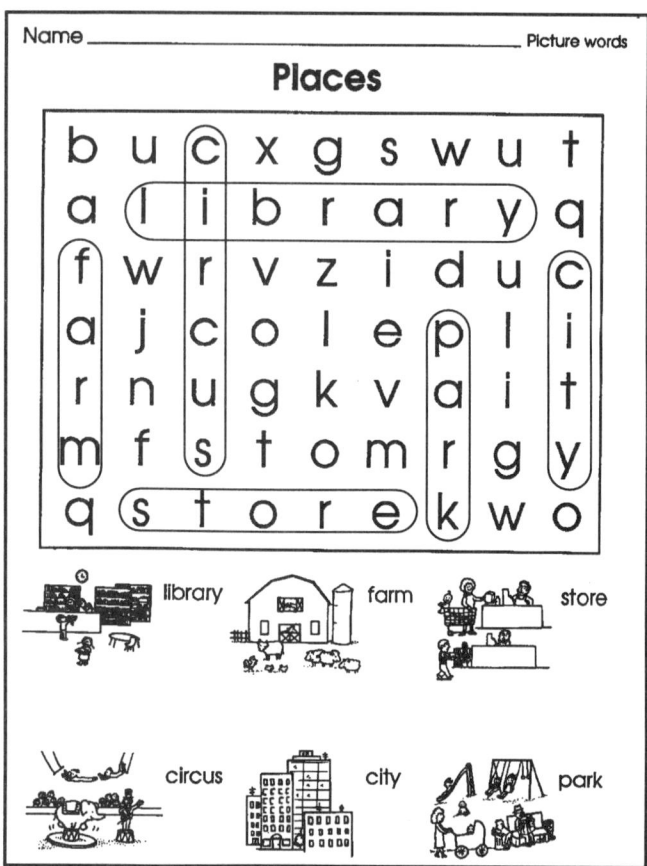

Page 13

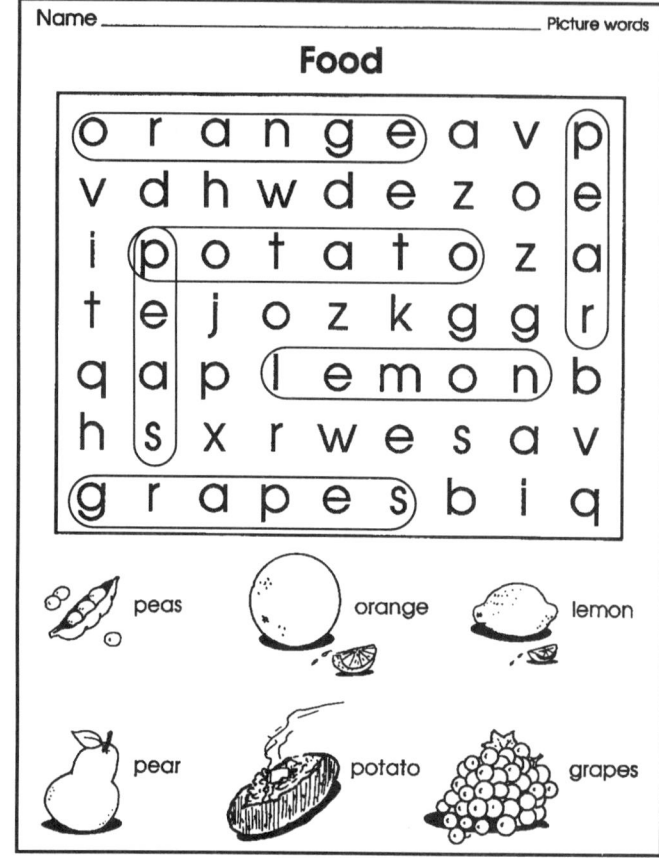

Page 14

Page 15

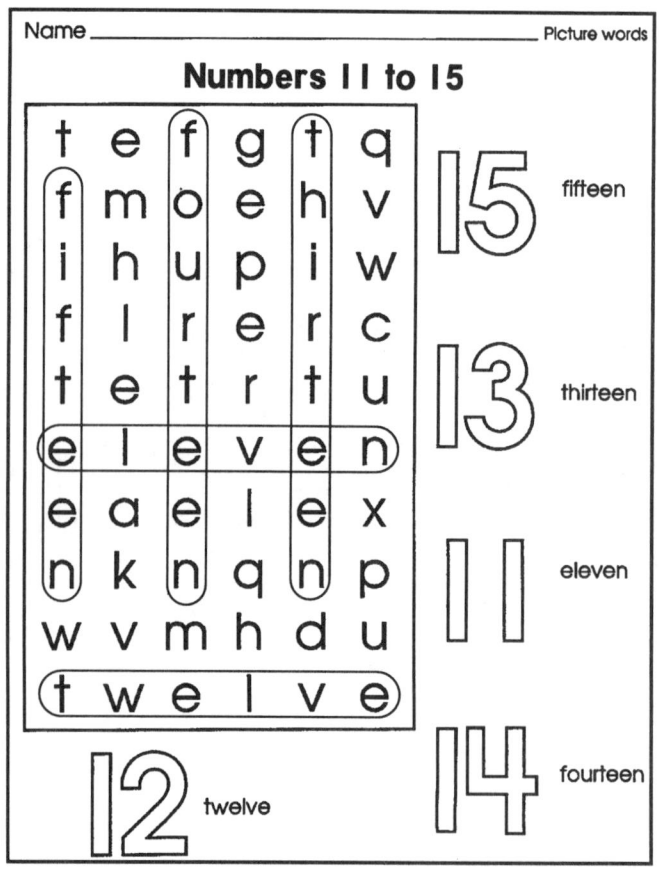

Page 16

Answer Key

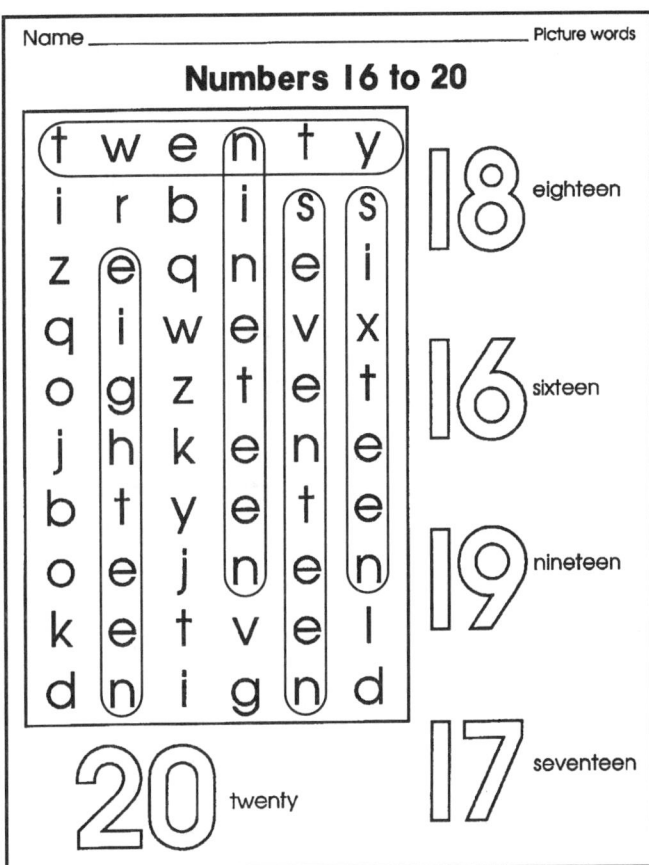

Page 17

Page 18

Page 19

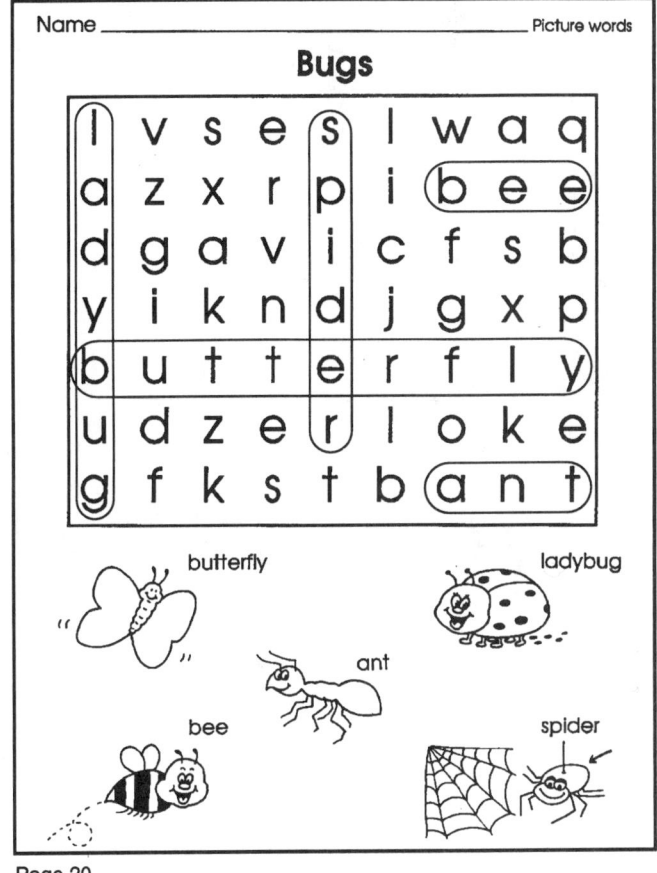

Page 20

Answer Key

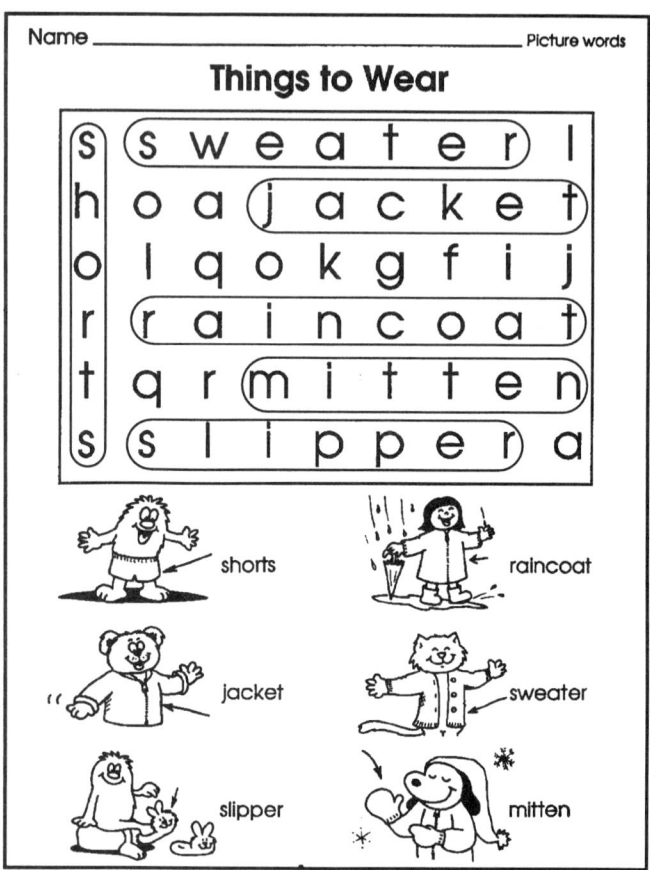

Page 21

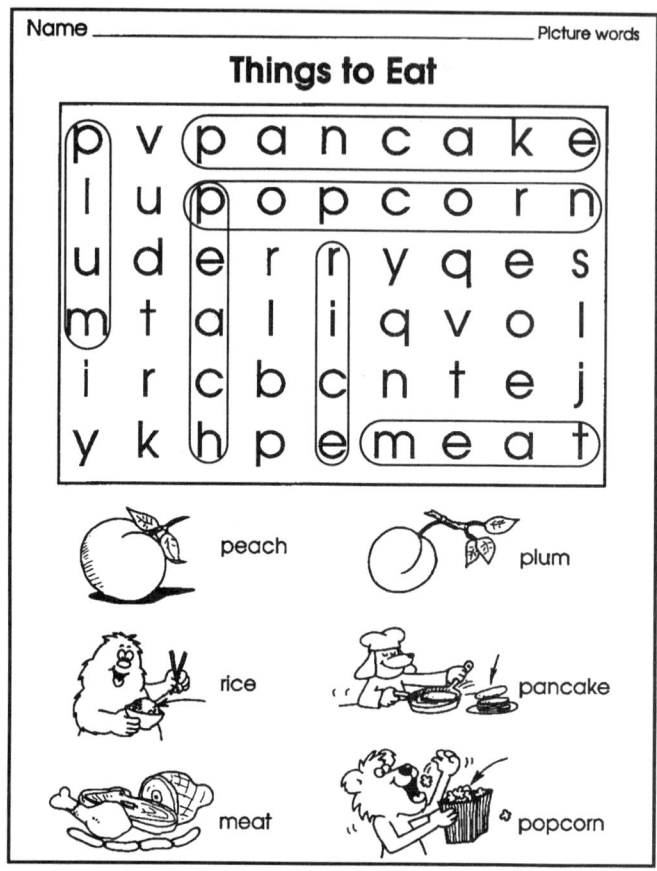

Page 22

Page 23

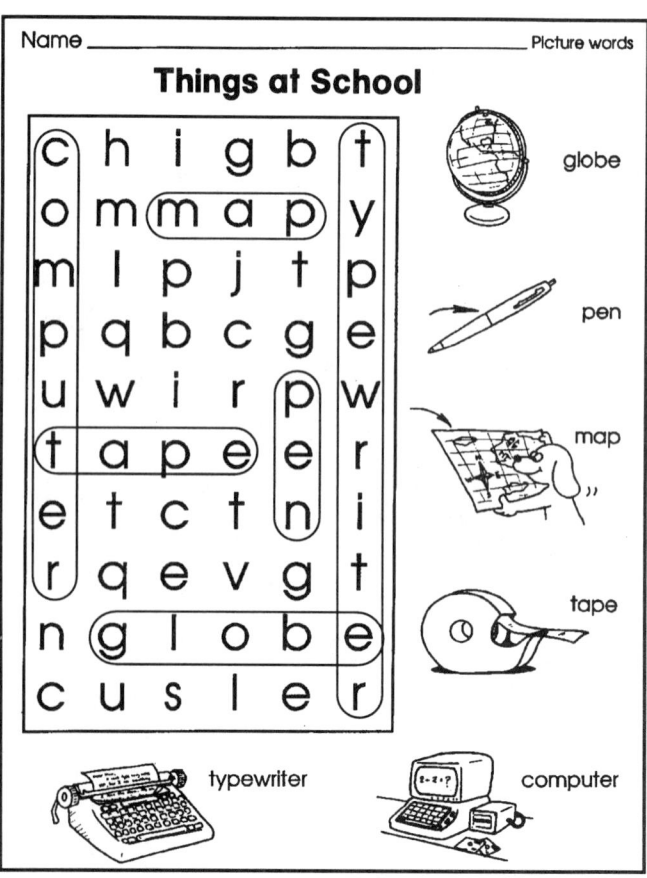

Page 24

Answer Key

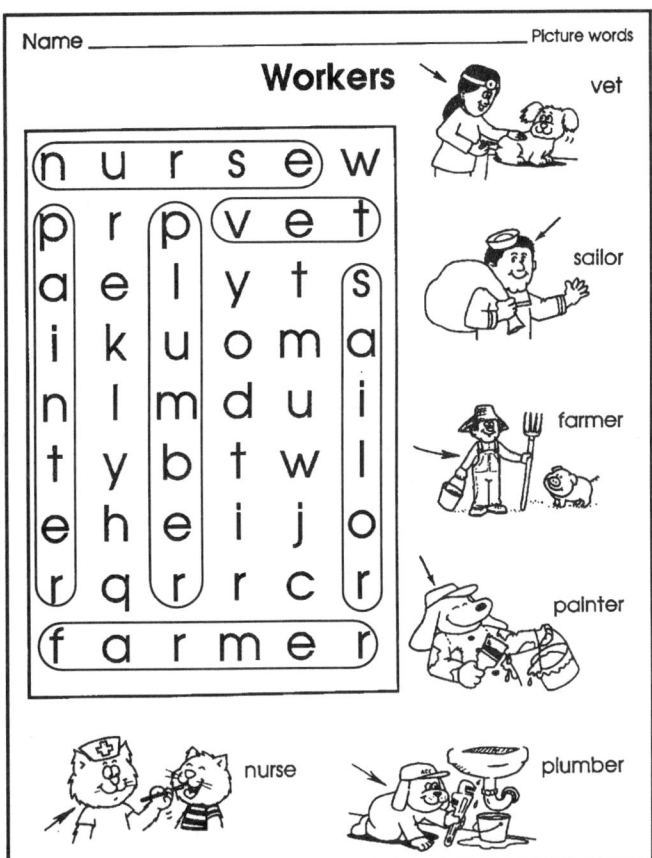

Page 25

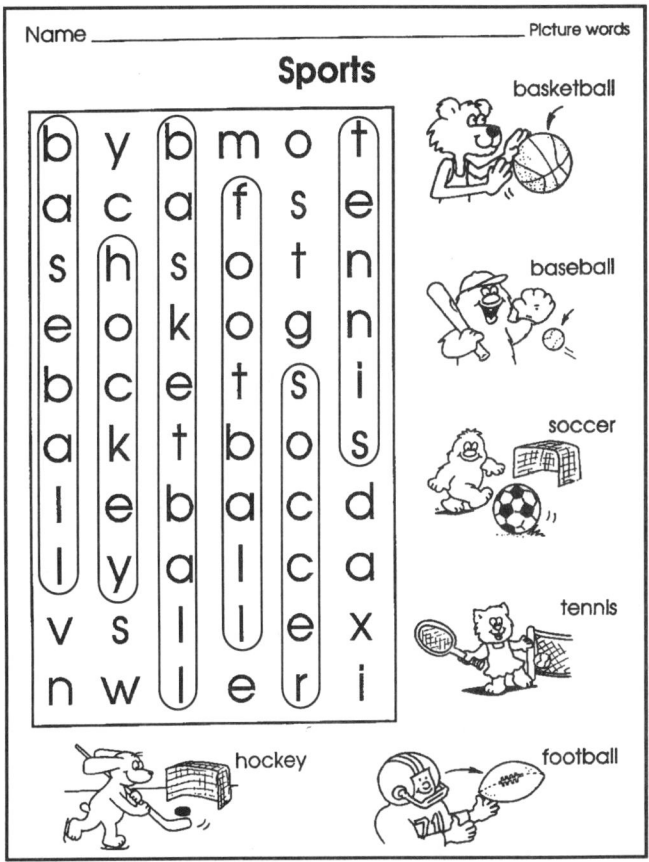

Page 26

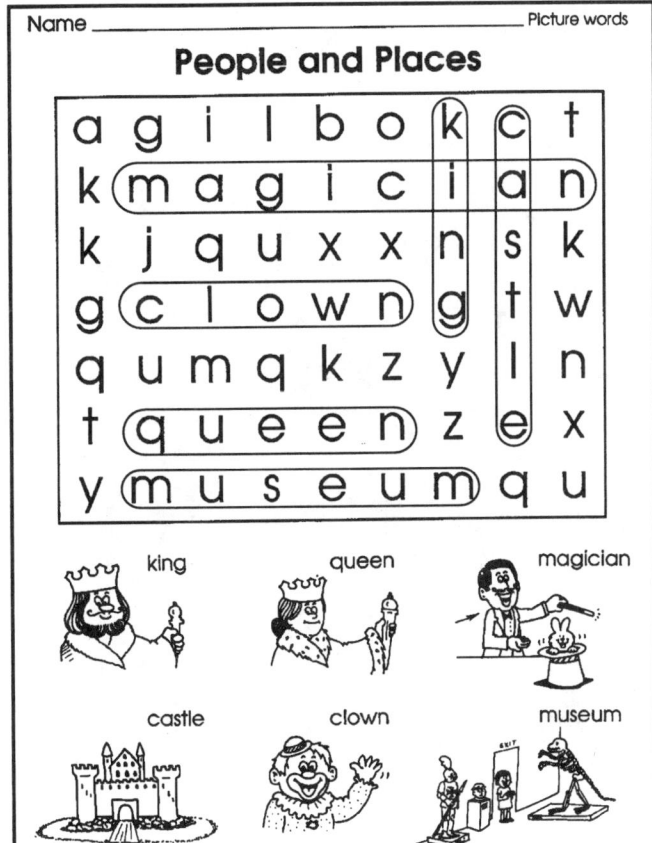

Page 27

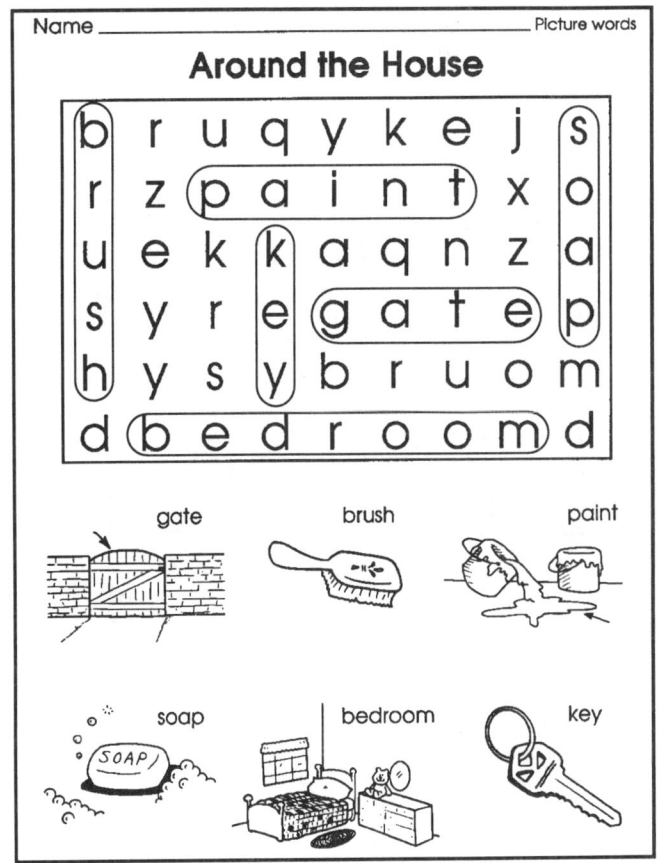

Page 28

111

Answer Key

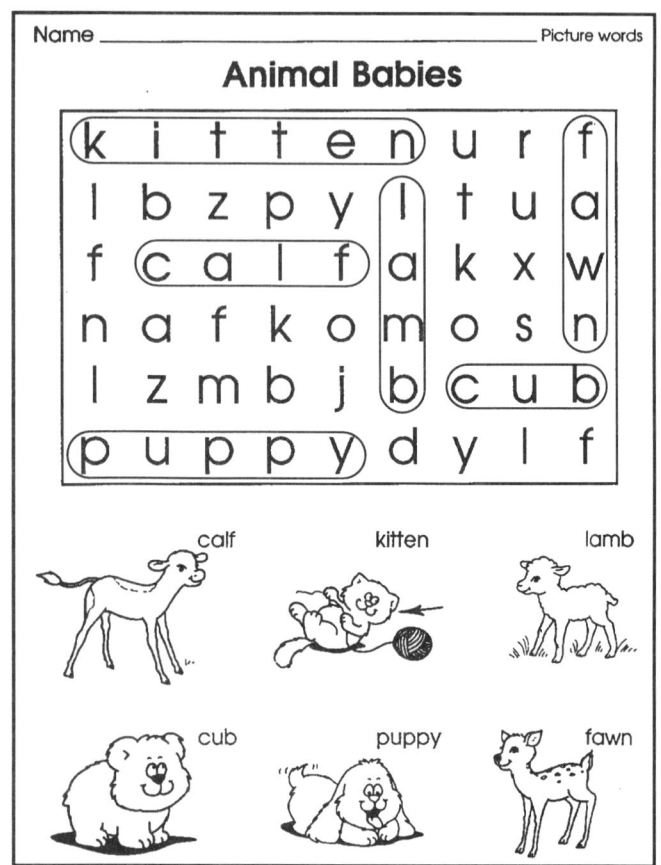

Page 29

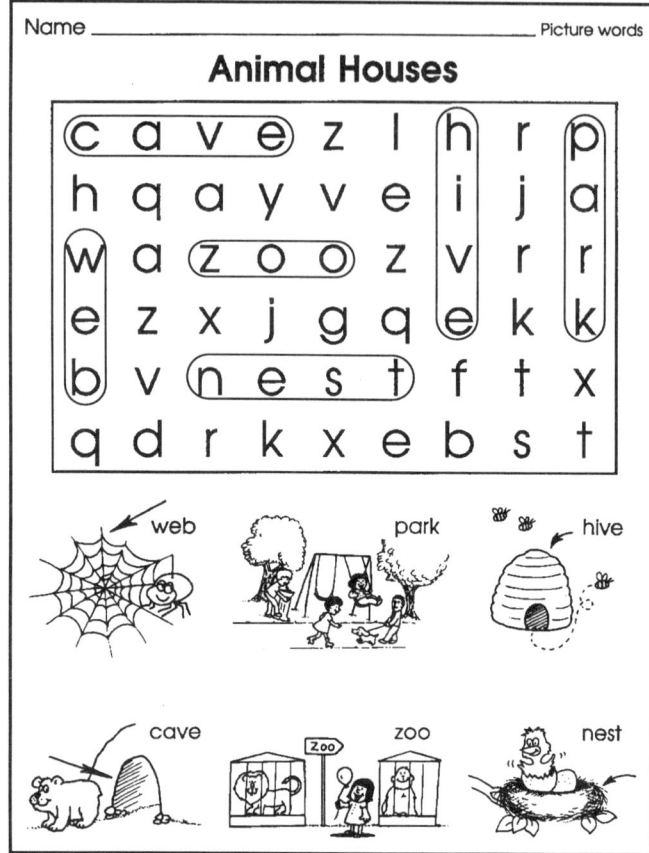

Page 30

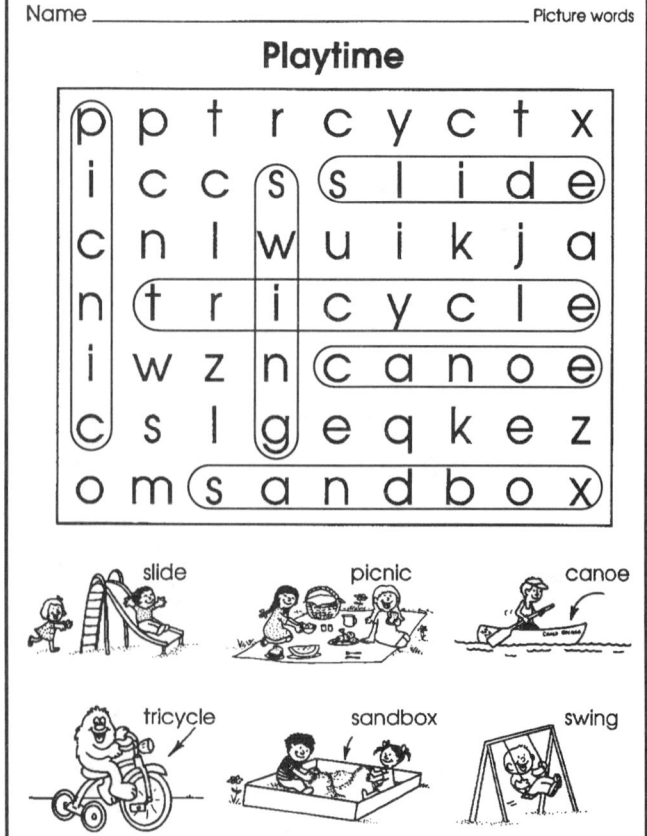

Page 31

Page 32

© Frank Schaffer Publications, Inc. FS-32040 Word Searches and Crossword Puzzles

Answer Key

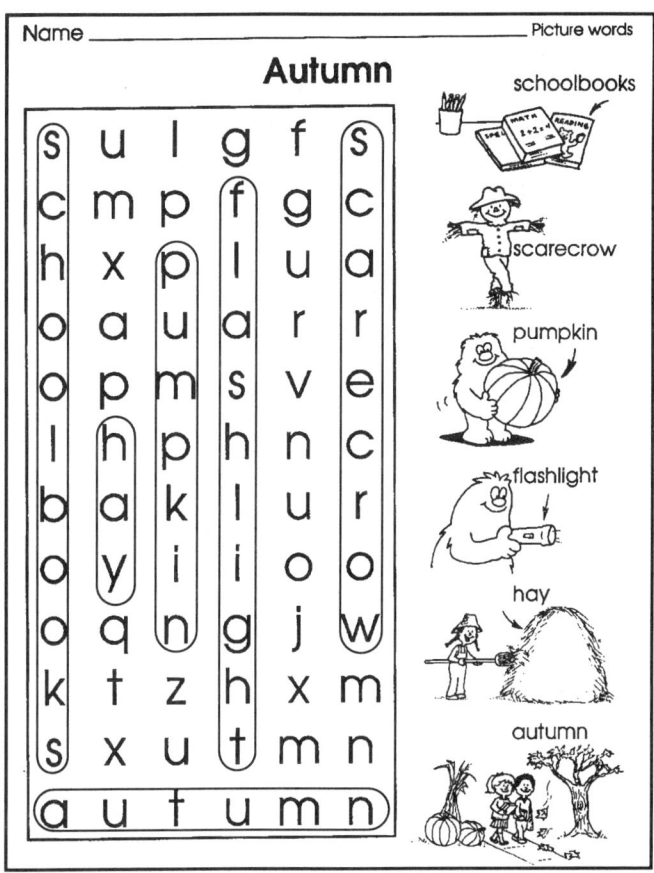

Page 33

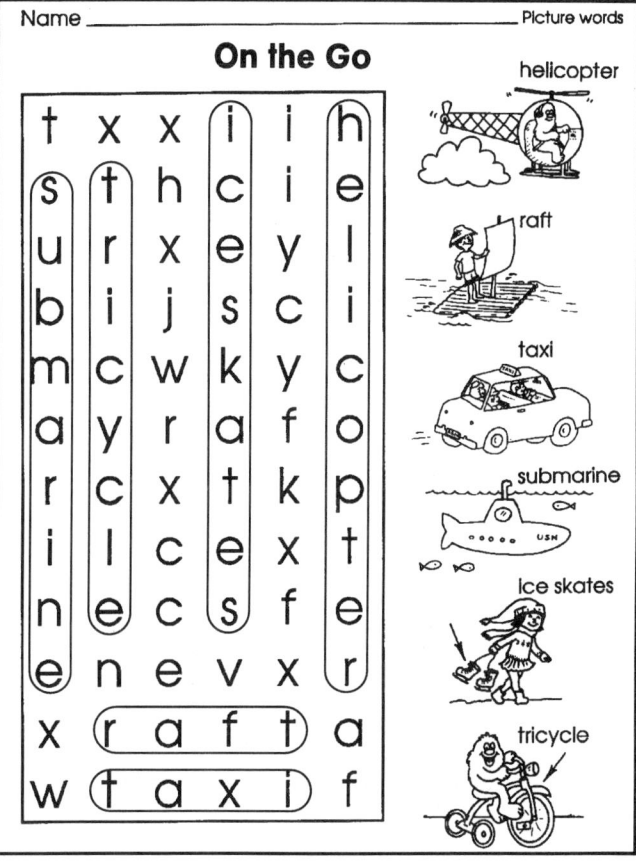

Page 34

Page 35

Page 36

© Frank Schaffer Publications, Inc. FS-32040 Word Searches and Crossword Puzzles

Answer Key

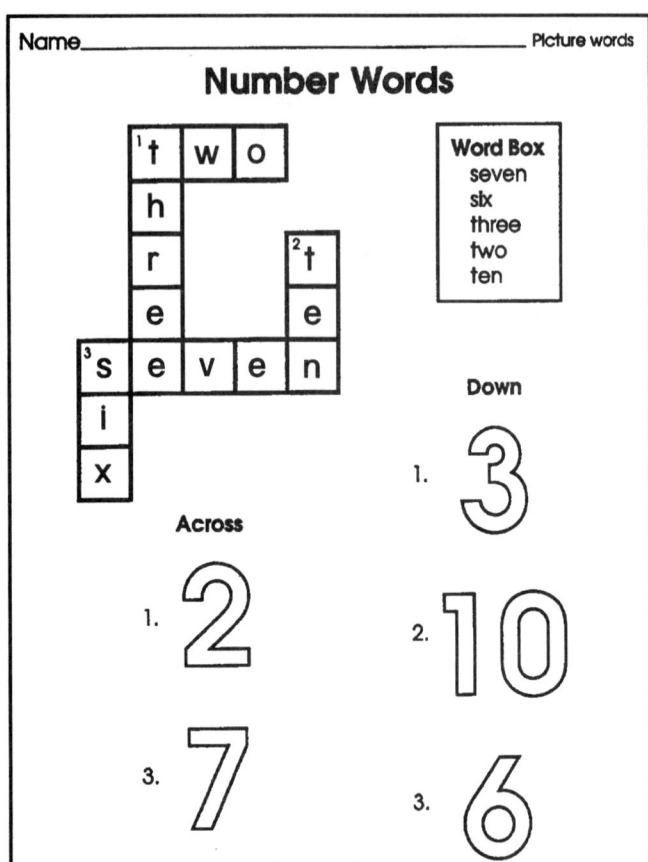

Page 37

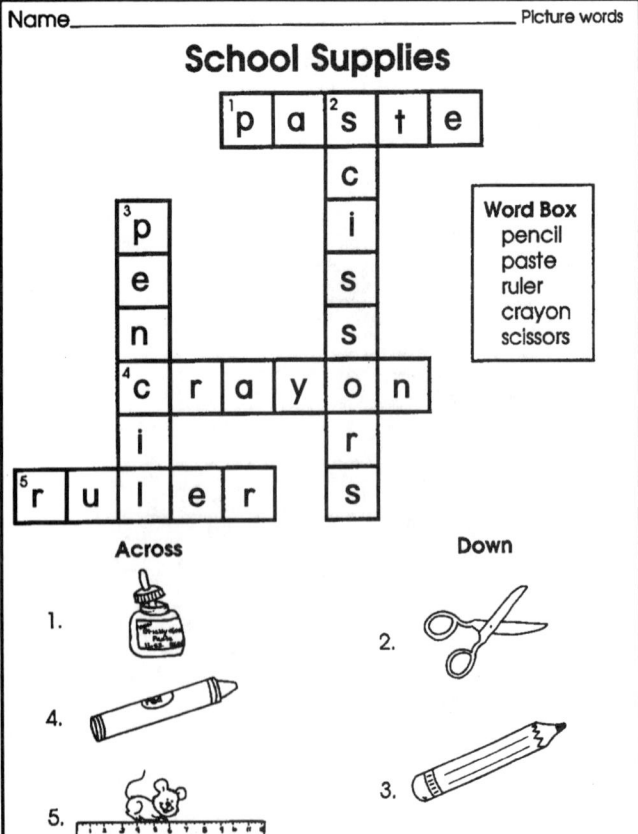

Page 39

Page 40

Answer Key

Page 41

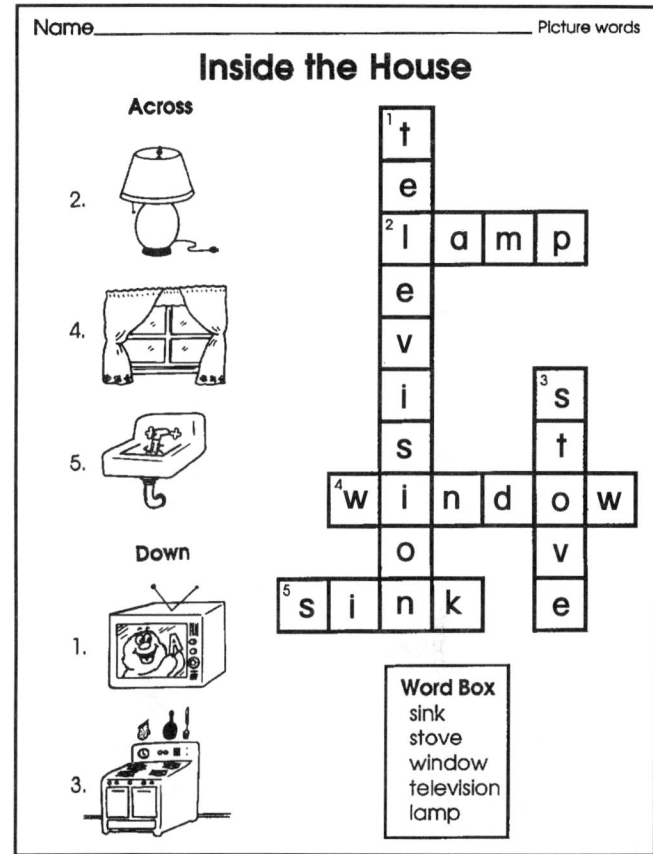

Page 42

Page 43

Page 44

Answer Key

Page 45

Page 46

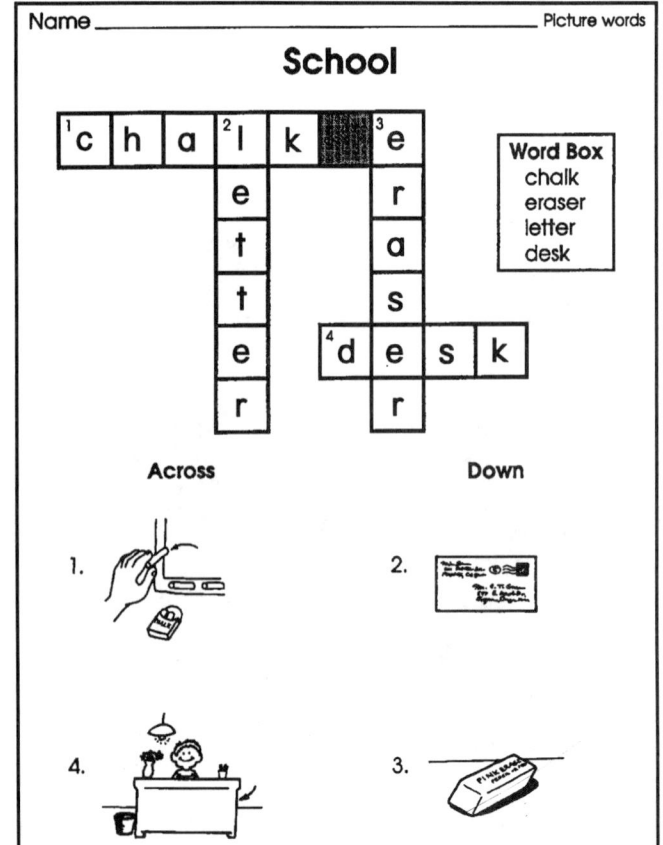

Page 47

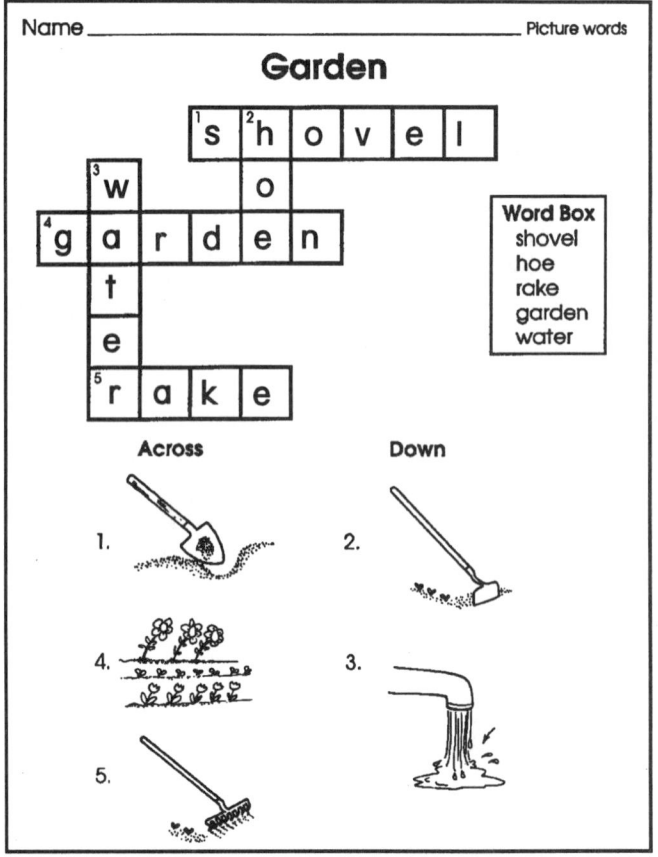

Page 48

Answer Key

Page 49

Page 50

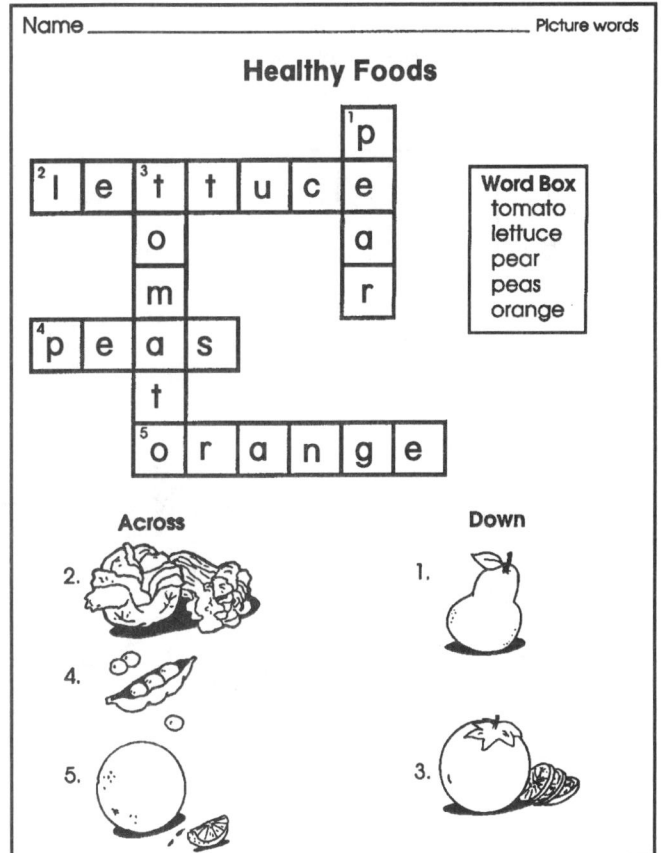

Page 51

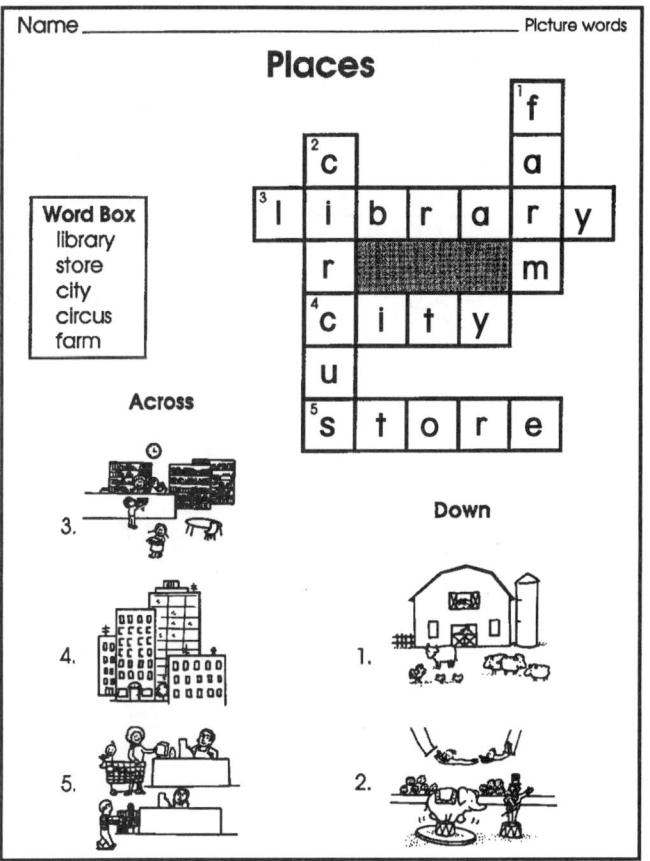

Page 52

Answer Key

Page 53

Page 54

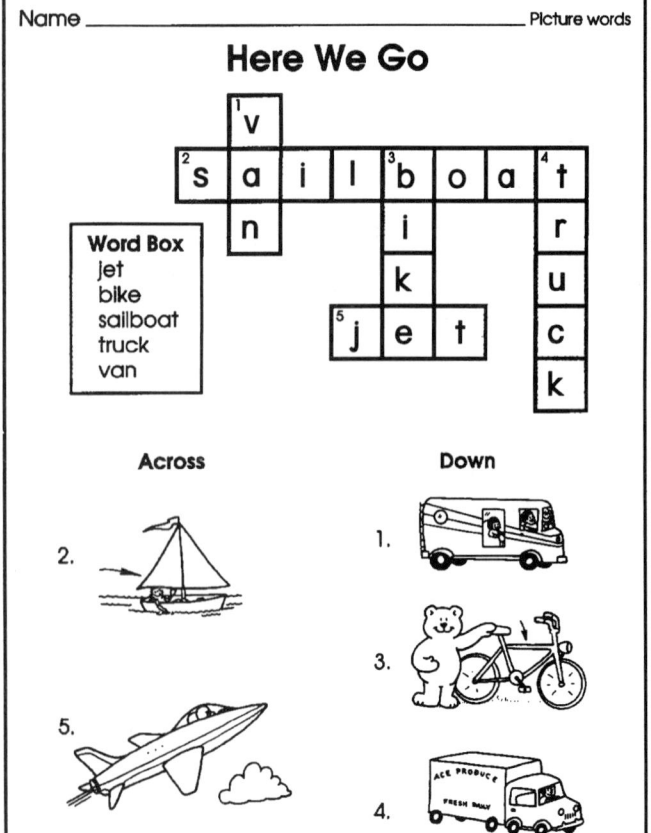

Page 55

Page 56

Answer Key

Page 57

Page 58

Page 59

Page 60

Answer Key

Page 61

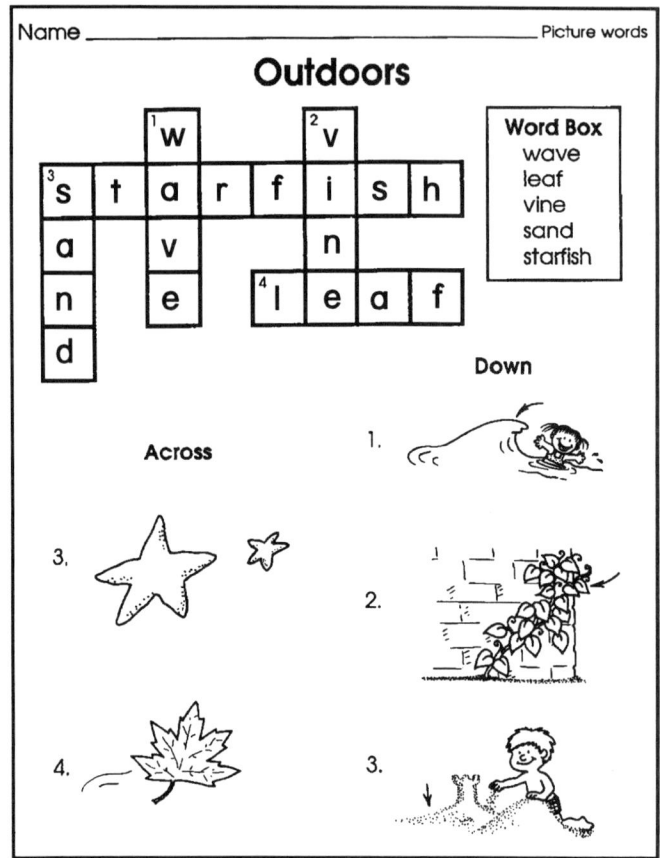

Page 62

Page 63

Page 64

Answer Key

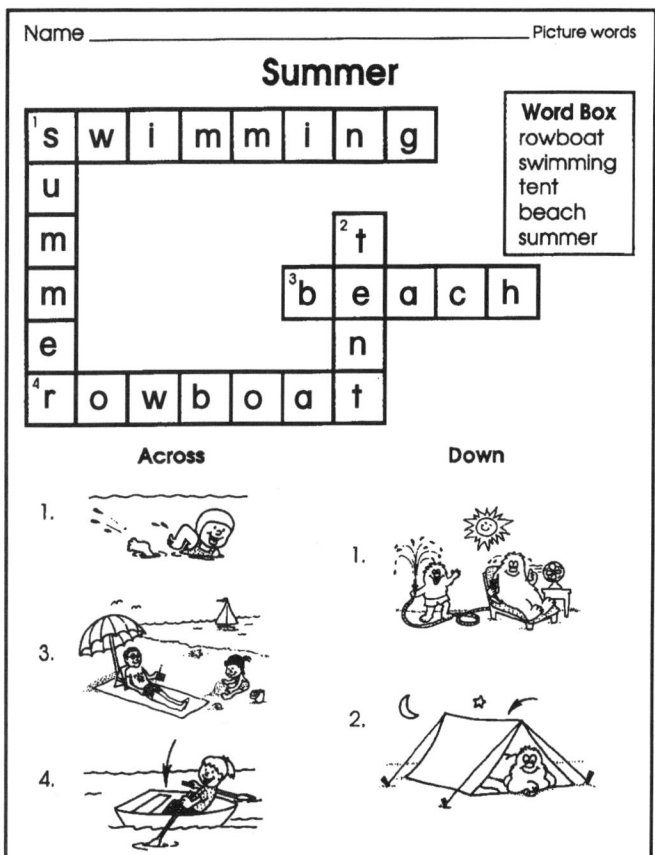

Page 65

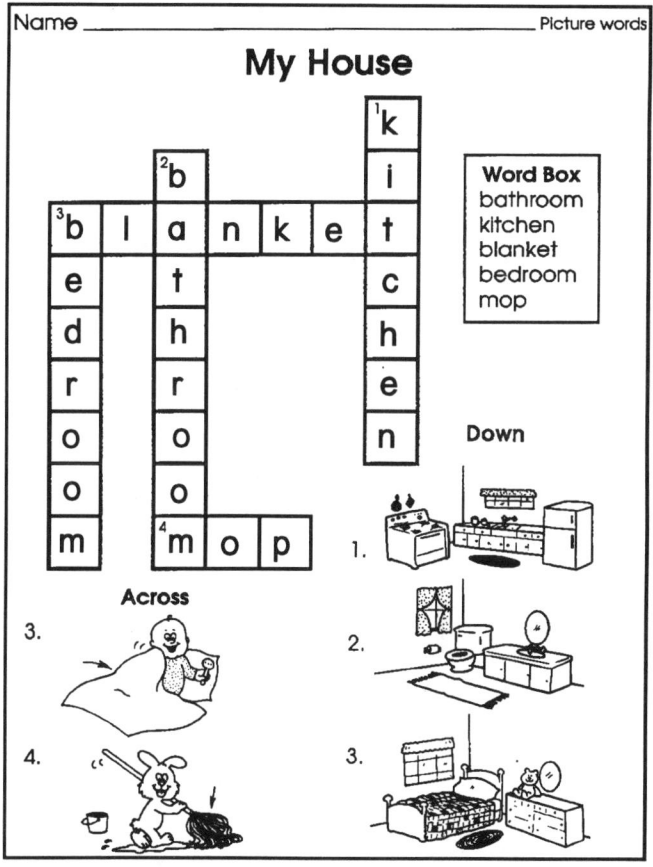

Page 66

Page 67

Page 68

121

Answer Key

Name _____ Sight words
Hide and Seek

I will go **to** your house.
He said **no** to me.
Is it big **or** little?
Four and one are **five**.
Look for my **name**.
Her house is **red**.

Page 69

Name _____ Sight words
Are the Words Here?

I see **my** car.
Come **here** to me.
This is **so** funny.
A little mouse is **on** me.
I will **help** you.
The color is **orange**.

Page 70

Name _____ Sight words
Do You See the Words?

I have a **yellow** car.
This is good for **me**.
She can **do** it.
Did **he** stop here?
I will **ride** with you.
This is **what** I like.

Page 71

Name _____ Sight words
Look for the Words

Look at **him** run.
We can **stop** here.
My hat is **green**.
I **will** play with you.
I **have** to go.
She **has** a big house.

Page 72

© Frank Schaffer Publications, Inc.   122   FS-32040 Word Searches and Crossword Puzzles

Answer Key

Find the Words

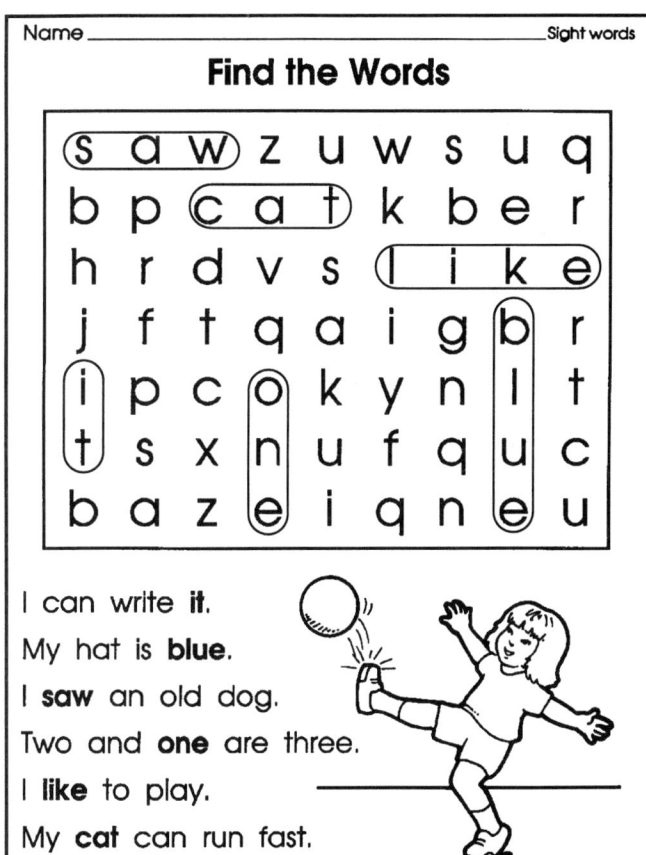

I can write **it**.
My hat is **blue**.
I **saw** an old dog.
Two and **one** are three.
I **like** to play.
My **cat** can run fast.

Page 73

How Fast Are You?

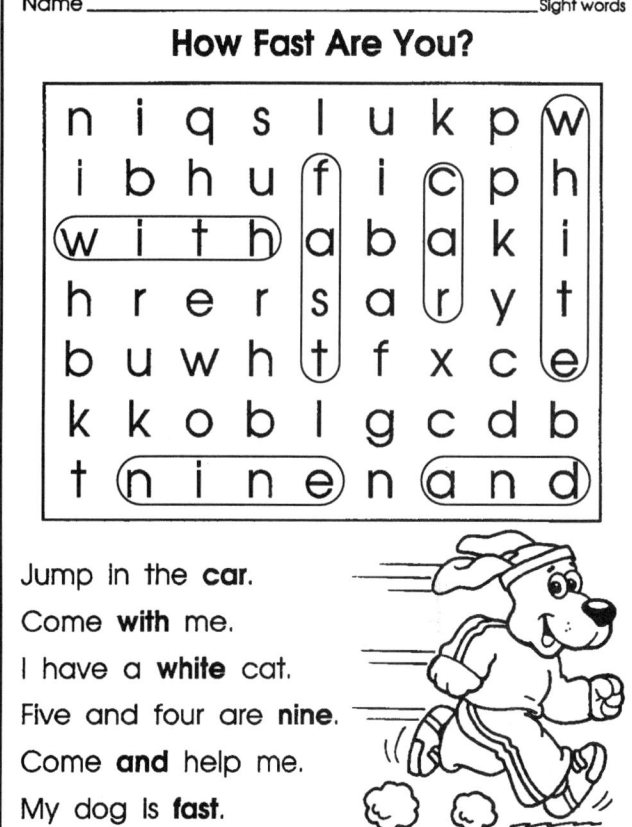

Jump in the **car**.
Come **with** me.
I have a **white** cat.
Five and four are **nine**.
Come **and** help me.
My dog is **fast**.

Page 74

Jump Right In!

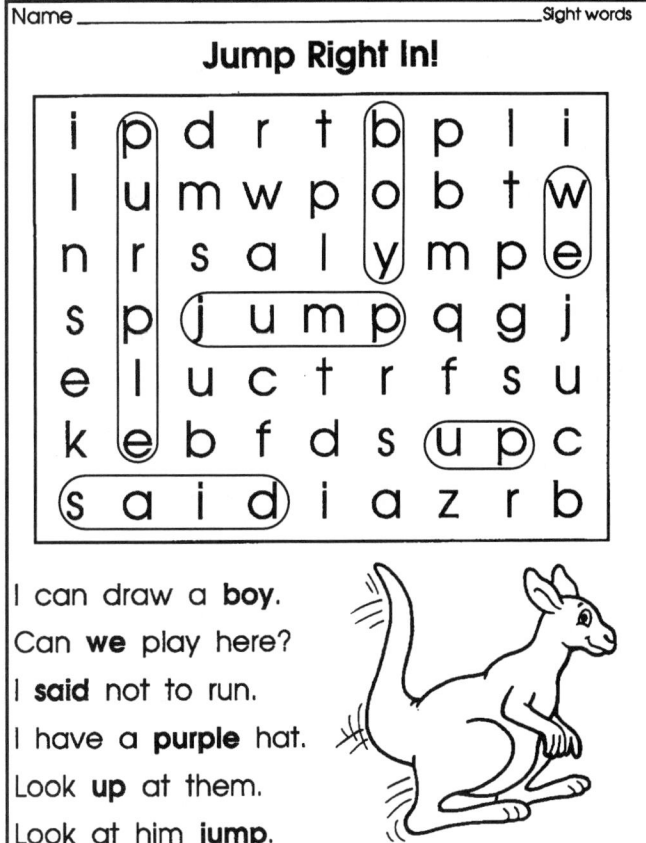

I can draw a **boy**.
Can **we** play here?
I **said** not to run.
I have a **purple** hat.
Look **up** at them.
Look at him **jump**.

Page 75

Use Your Eyes

I can draw a **dog**.
Look at **her** jump.
I see a **brown** dog.
Here is **your** hat.
She will **play** here.
The man is **old**.

Page 76

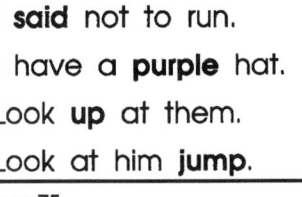

© Frank Schaffer Publications, Inc.

123

FS-32040 Word Searches and Crossword Puzzles

Answer Key

Find All the Words

a	b	h	n	t	a	l	j	d
u	l	b	t	s	r	c	a	n
t	h	i	s	l	e	y	f	b
h	u	j	m	b	i	r	c	i
x	r	s	g	q	u	a	r	g
m	x	v	e	s	b	l	p	n
s	b	l	a	c	k	l	w	a

Circled: a, can, this, b i g, are, black

I have a **black** cat.
The house is **big**.
I must eat **this**.
I **can** run fast.
This is **all** I have.
You **are** fast.

Page 77

Find the Words Now

c	l	g	e	n	h	u	r	t
l	y	t	h	i	n	g	v	w
o	m	c	n	v	d	s	t	w
t	h	b	g	u	i	u	g	a
h	n	r	c	v	c	t	t
e	w	o	c	p	l	h	j	e
s	k	w	z	t	y	l	k	r

Give me that **thing**.
I like to play in the **water**.
This is **such** a funny book.
I am not **hurt**.
Please help me **now**.
My **clothes** look pretty.

Page 78

Try to Find the Words

d	a	w	o	m	a	n	c	k
t	u	o	l	v	j	g	y	t
r	h	m	i	b	n	h	v	o
y	d	f	g	e	w	i	m	o
i	l	y	t	e	b	g	t	g
z	u	y	s	n	f	h	t	x
b	e	t	t	e	r	j	e	u

How **high** is it?
I want a drink, **too**.
Please **try** this again.
This is much **better**.
The **woman** has a pretty dress.
I have **been** to the zoo.

Page 79

Search High and Low

e	n	o	u	g	h	y	n	f
g	e	j	t	h	z	d	e	z
f	r	i	e	n	d	i	x	t
e	x	a	v	y	m	k	t	o
s	f	i	r	e	n	b	u	h
y	a	z	r	i	l	u	o	e
f	k	i	e	o	t	y	t	r

My **other** dog is funny.
I will **buy** this.
Keep away from **fire**.
I am **next**.
You are my **friend**.
I had **enough** to eat.

Page 80

Answer Key

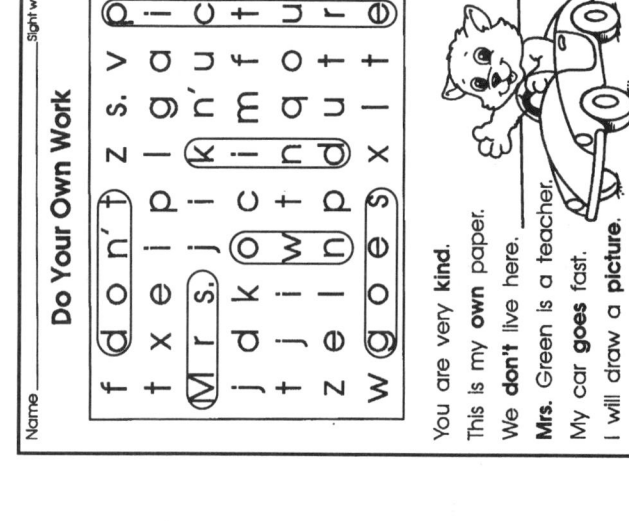

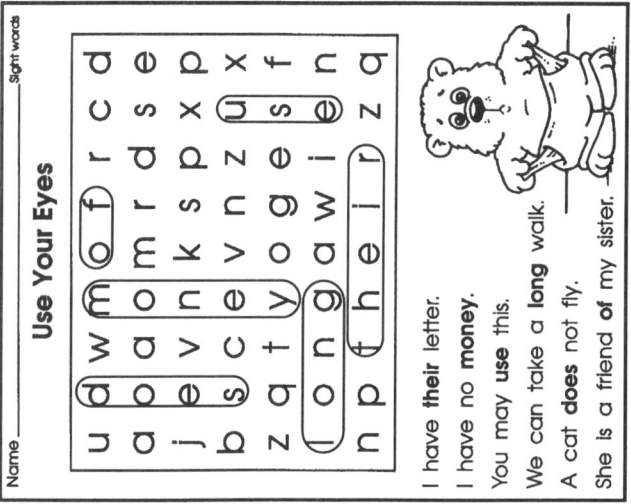

Use Your Eyes
I have **their** letter.
I have no **money**.
You may **use** this.
We can take a **long** walk.
A cat **does** not fly.
She is a friend **of** my sister.
Page 83

Do Your Own Work
You are very **kind**.
This is my **own** paper.
We **don't** live here.
Mrs. Green is a teacher.
My car **goes** fast.
I will draw a **picture**.
Page 86

Never Give Up
An airplane can **fly**.
The car is **full** of people.
Come this **way**.
I **never** saw a green cat.
This is a **new** crayon.
Here is **another** book.
Page 82

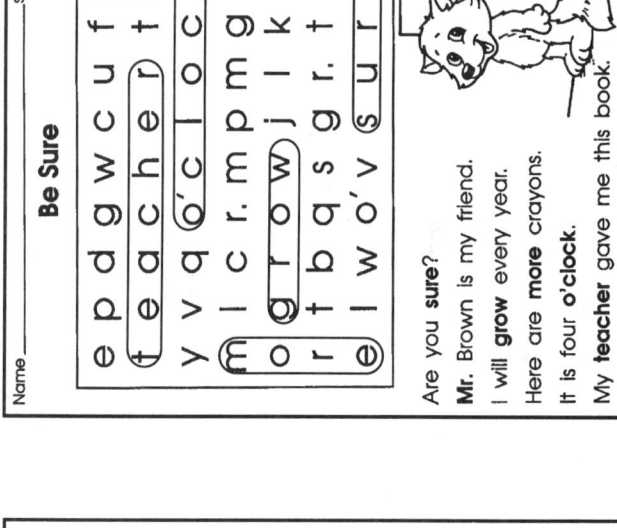

Be Sure
Are you **sure**?
Mr. Brown is my friend.
I will **grow** every year.
Here are **more** crayons.
It is four **o'clock**.
My **teacher** gave me this book.
Page 85

Show These Words
We **shall** help each other.
It is **about** one o'clock.
I will **show** you my book.
I **got** a book.
You can color this **part**.
I like him **because** he is kind.
Page 81

Find These Words
Look at **these** new books.
Keep **off** the grass.
Please **bring** it here.
Come **back** soon.
This is for **us**.
Her **brother** gave it to me.
Page 84

Answer Key

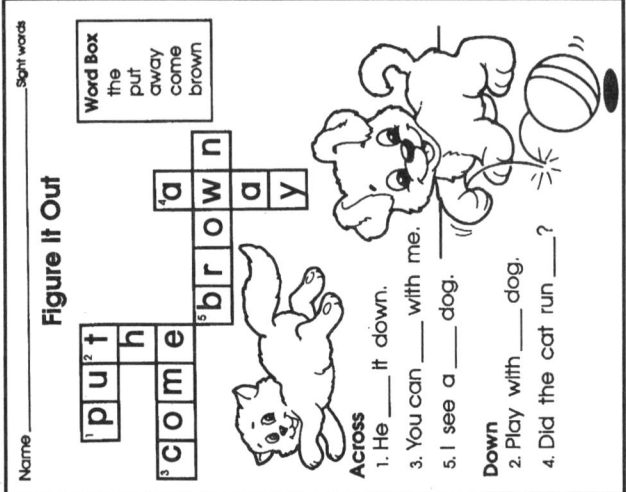

Page 89

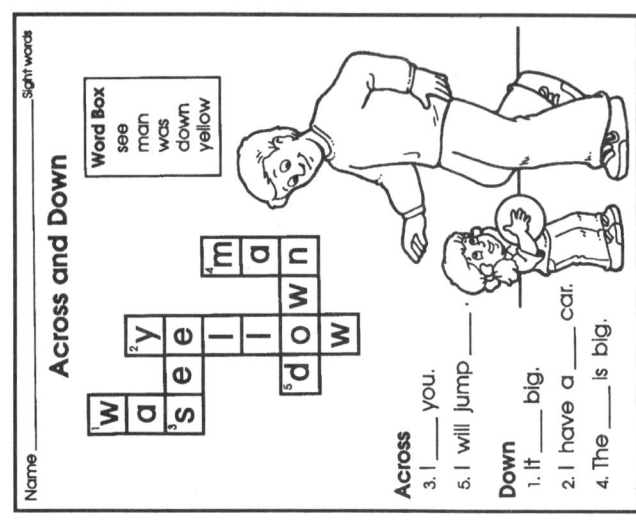

Page 92

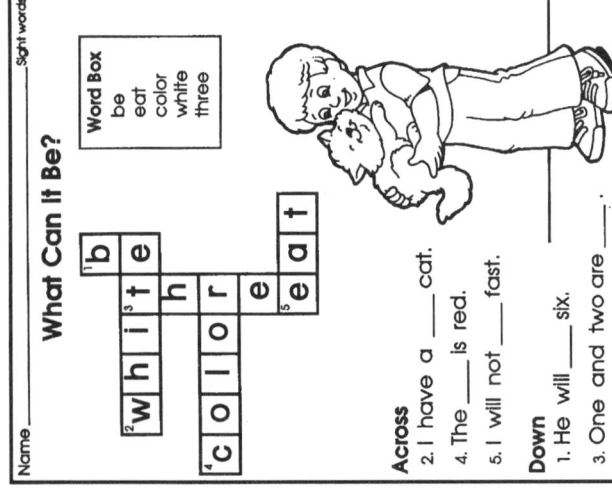

Page 88

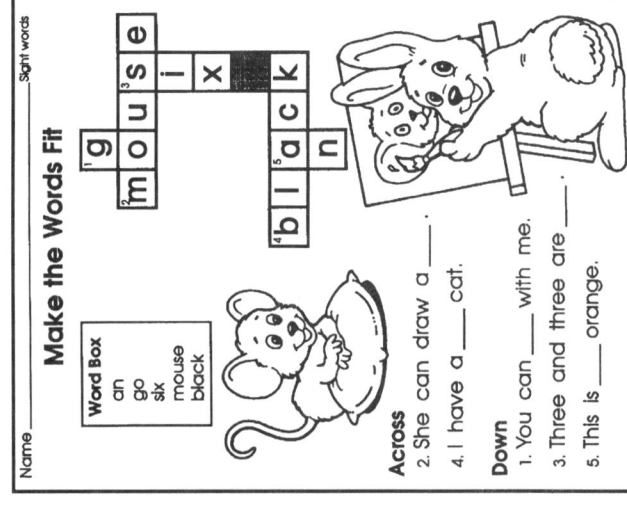

Page 91

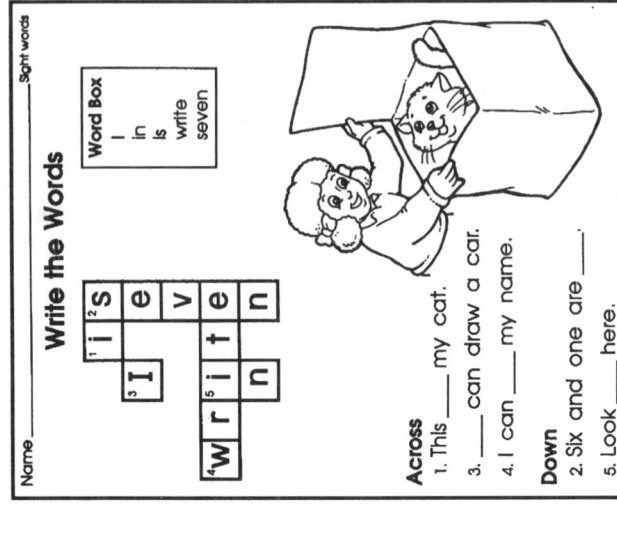

Page 87

Page 90

Answer Key

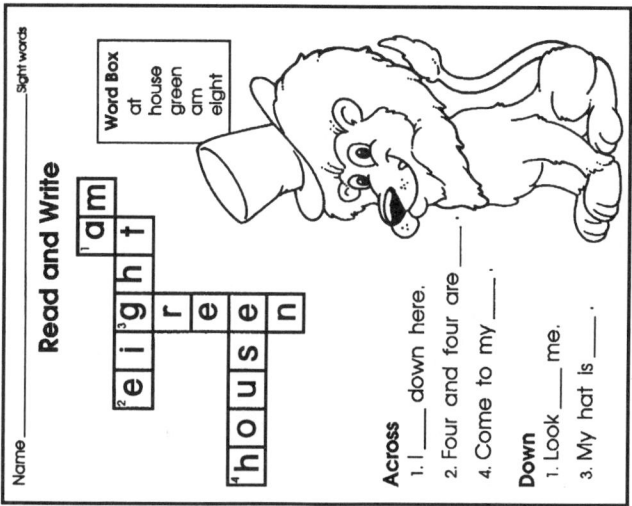

Read and Write

Across
1. I _____ down here.
2. Four and four are _____.
4. Come to my _____.

Down
1. Look _____ me.
3. My hat is _____.

Page 95

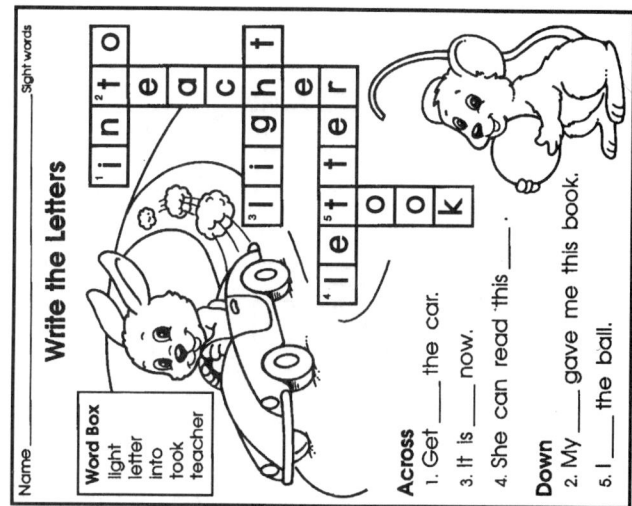

Write the Letters

Across
1. Get _____ the car.
3. It is _____ now.
4. She can read this _____.

Down
2. My _____ gave me this book.
5. I _____ the ball.

Page 98

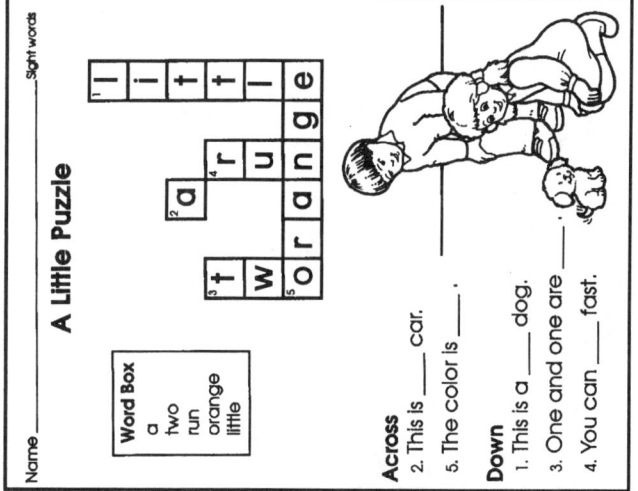

A Little Puzzle

Across
2. This is _____ car.
5. The color is _____.

Down
1. This is a _____ dog.
3. One and one are _____.
4. You can _____ fast.

Page 94

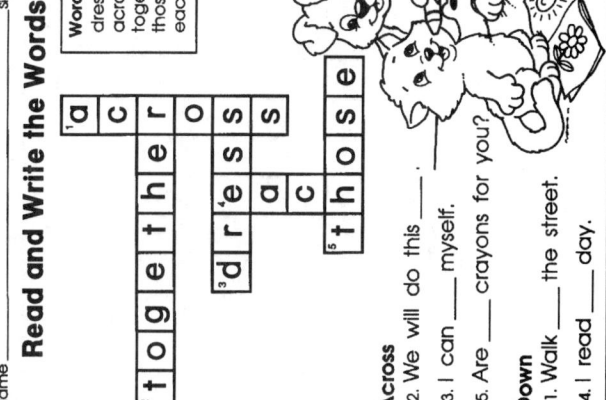

Read and Write the Words

Across
2. We will do this _____.
3. I can _____ myself.
5. Are _____ crayons for you?

Down
1. Walk _____ the street.
4. I read _____ day.

Page 97

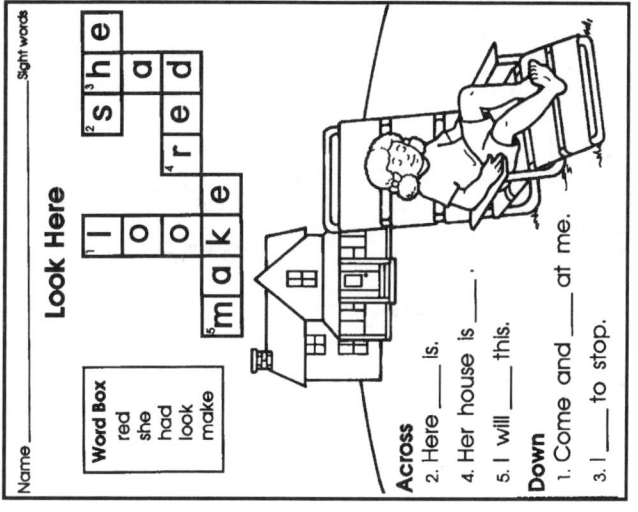

Look Here

Across
2. Here _____ is.
4. Her house is _____.
5. I will _____ this.

Down
1. Come and _____ at me.
3. _____ to stop.

Page 93

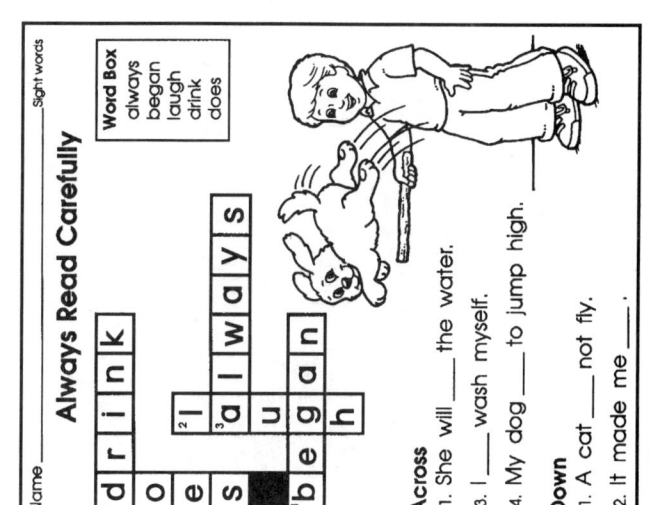

Always Read Carefully

Across
1. She will _____ the water.
2. I _____ wash myself.
4. My dog _____ to jump high.

Down
1. A cat _____ not fly.
2. It made me _____.

Page 96

Answer Key

Picture These Words

Word Box: picture, people, until, stand, hold

Across
3. Let me ___ it.
5. I will draw a ___.

Down
1. The ___ came to see us.
2. Keep this ___ one o'clock.
4. Please ___ up.

Page 99

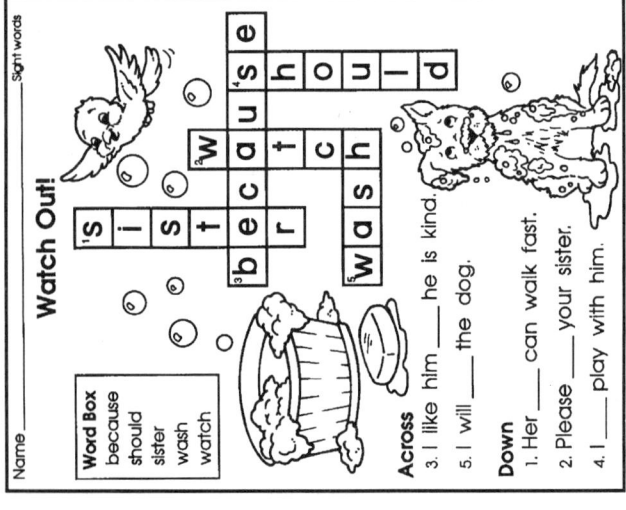

Watch Out!

Word Box: because, should, sister, wash, watch

Across
3. I like him ___ he is kind.
5. I will ___ the dog.

Down
1. Her ___ can walk fast.
2. Please ___ your sister.
4. ___ play with him.

Page 100

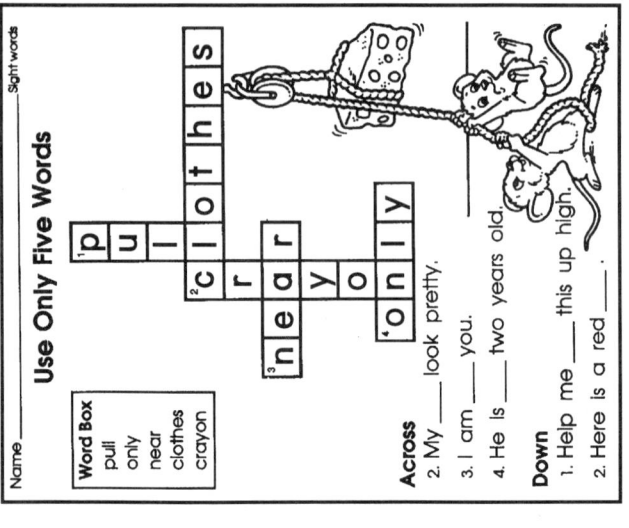

Use Only Five Words

Word Box: pull, only, near, clothes, crayon

Across
2. My ___ look pretty.
3. I am ___ you.
4. He is ___ two years old.

Down
1. Help me ___ this up high.
2. Here is a red ___.

Page 101

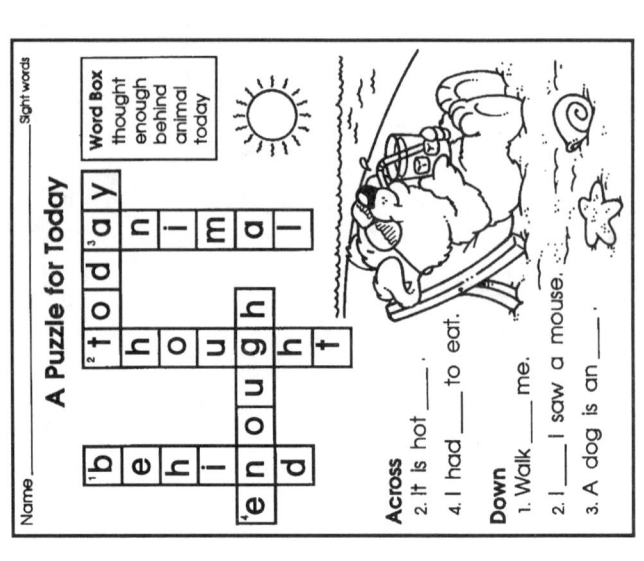

A Puzzle for Today

Word Box: thought, enough, behind, animal, today

Across
2. It is hot ___.
4. I had ___ to eat.

Down
1. Walk ___ me.
2. I ___ I saw a mouse.
3. A dog is an ___.

Page 102

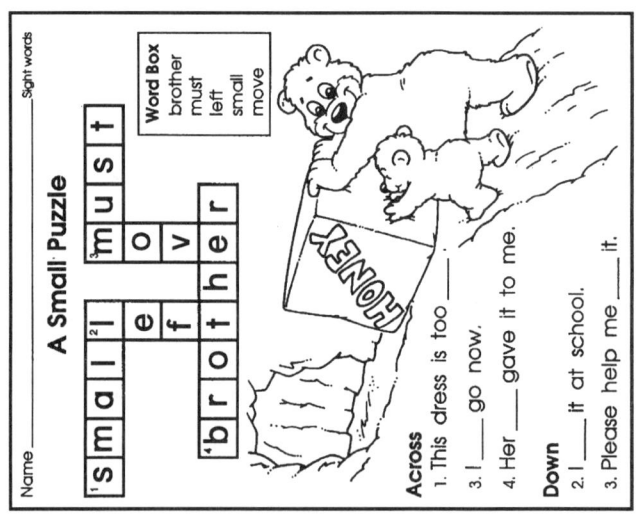

A Small Puzzle

Word Box: brother, must, left, small, move

Across
1. This dress is too ___.
3. I ___ go now.
4. Her ___ gave it to me.

Down
2. I ___ it at school.
3. Please help me ___ it.

Page 103

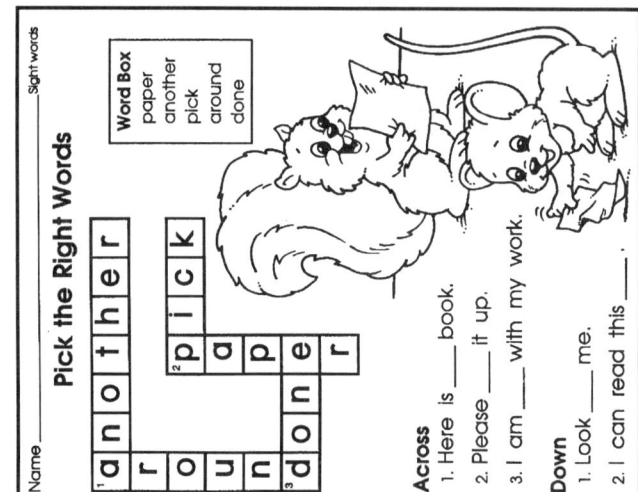

Pick the Right Words

Word Box: paper, another, pick, around, done

Across
1. Here is ___ book.
2. Please ___ it up.
3. I am ___ with my work.

Down
1. Look ___ me.
2. I can read this ___.

Page 104